Klaus-Günter Pache

Den Himmel erobern

Im Zerbruch Gottes Ewigkeit begegnen

D1728653

scm R.Brockhaus

Die Edition A U F A T M E N
erscheint in Zusammenarbeit
zwischen dem R. Brockhaus Verlag Wuppertal
und dem Bundes-Verlag Witten
Herausgeber Ulrich Eggers

Die zitierten Bibelstellen wurden mit freundlicher Genehmigung des Verlages
den folgenden Bibelübersetzungen entnommen:
Lutherbibel, revidierte Fassung von 1984, durchgesehene Ausgabe in neuer
Rechtschreibung, © 1999 Deutsche Bibelgesellschaft, Stuttgart.
Hoffnung für alle – Die Bibel, © 2002 by International Bible Society, übersetzt
und herausgegeben durch: Brunnen Verlag, Basel, 1. Auflage der revidierten
Fassung.

© 2006 R. Brockhaus Verlag Wuppertal
Umschlaggestaltung: Dietmar Reichert, Dormagen
Satz: Satz & Medien Wieser, Stolberg
Druck: Ebner & Spiegel, Ulm
ISBN-10: 3-417-24497-8
ISBN-13: 978-3-417-24497-7
Bestell-Nr.: 224497

Inhalt

Für Esther

Einleitung

Die Schlacht tobte auf der angrenzenden Wiese. Die Horden Attilas, des Hunnenkönigs, waren auf eine kleine Gruppe tapferer Ritter unter der Führung von Prinz Eisenherz aus Thule getroffen, und ein wilder Kampf entbrannte. Prinz Eisenherz – das war ich, ausgestattet mit einem selbst gefertigten Holzschwert, das sehr entfernt an das berühmte »Singende Schwert« erinnerte. Attila war Armin Bauer, ein Freund aus meiner Schulklasse, aber an diesem Tag und an dieser Stelle ein erbitterter Feind.

Ganz allein stand ich zum Schluss gegen eine drohende Übermacht. Als Einziger überlebte ich, blutüberströmt, auf dem Feld der Ehre. Die Mütter riefen zum Essen, die Hunnen hatten sich verzogen, und ich machte mich auf den Heimweg – die fünfzig Meter Fußweg wurden in meiner Phantasie zur glorreichen Heimreise nach Camelot, an die Tafelrunde von König Arthur. Dort gab es dann Reibekuchen mit Apfelmus, Mutter sei Dank.

Mein Leben lang wollte ich ein Held sein. Die drei ersten Bildbände über Prinz Eisenherz habe ich verschlungen. Bist heute verstehe ich nicht, warum Hollywood sie nie angemessen verfilmt hat.

Mit vierzehn Jahren hatte ich alle siebzig Karl-May-Bände gelesen. Nach dem Lesen wurde alles nachgespielt: Mal war ich Old Shatterhand, hin und wieder auch Old Firehand. Kara Ben Nemsi natürlich auch. Eckhard, ein Freund von mir, war Winnetou, weil er deutlich schmächtiger war als ich! Hadschi Halef Omar wollte keiner sein. Den Henrystutzen und den Bärentöter baute ich in Vaters Werkstatt nach, aus Holzresten und unter Mithilfe des Altgesellen. Die Kette aus Bärenklauen sägte ich mir aus Sperrholz zurecht. Unsere Pferde waren die hohen Mauern zum angrenzenden Grundstück: Decke drauf, Zügel aus einer alten Kordel, und ab ging es – durch die Weiten der Prärie.

Ich träumte davon, ein Held zu sein, aber aus den Weiten des Wilden Westens wurde nichts. Mein Vater besaß eine Werkstatt für orthopädische Schuhe, die sein Vater gegründet hatte und in der eine Reihe Angestellter beschäftigt waren. Ich war keine zwölf, als mein Vater zu mir sagte: »Klaus, du hast die Wahl: Entweder wirst du Orthopädie-Schuhmachermeister und übernimmst meinen Betrieb, oder du wirst Prediger.« Ich habe beides gemacht: Zuerst absolvierte ich die Lehre, dann holte ich das Abitur nach, und schließlich verließ ich den väterlichen Betrieb und studierte in Basel Theologie. Als ich Pastor wurde, war ich siebenundzwanzig Jahre alt.

Seitdem habe ich immer gekämpft, all die Jahre. So leidenschaftlich gern ich predige, so sehr strengt es mich an. Nie war es leicht, und doch sollte es nicht anders sein. Sehnsucht hat mich mein Leben lang begleitet, Sehnsucht nach einer Welt, die mein Zuhause ist. Auf den Himmel freue ich mich, wohl wissend, dass es bis dahin ein weiter Weg ist.

Es gilt, den Kampf zu gewinnen, eine Schlacht zu schlagen, den Himmel zu erobern, der mir dann doch geschenkt wird. Es gilt, dem einen Herrn zu dienen, der mir alles geworden ist: Jesus. Mit sechzehn Jahren habe ich versprochen, ihm nachzufolgen. Es war der Buß- und Bettag 1968, spät in der Nacht. Ich konnte nicht einschlafen und weckte gegen eins meinen Vater. Zu zweit knieten wir vor seinem Bett nieder. In dieser Stunde vertraute ich Gott mein Leben an und schwor ihm Treue. Das ist lange her. Viele Jahre sind vergangen. Seit dieser Nacht habe ich immer wieder Gottes Gnade erlebt, und dank seiner Treue habe ich überlebt.

Den Himmel erobern – ich will Sie ein Stück mitnehmen und Ihnen zeigen, was hinter dem Horizont auf uns wartet. Ich möchte Sie einstimmen auf die Ewigkeit. Das Ziel liegt vor uns, und mit jedem Tag rückt es näher. Bis wir es erreichen, haben wir noch eine lange Reise vor uns. Und auf dieser Reise müssen wir kämpfen – kämpfen, um den Himmel zu erobern. Es ist und war ein Kampf, immer schon. Die Helden in alter Zeit sind Beispiele dafür, großartige Vorbilder, wie wir sie im Alten Testament finden. Sie haben mein Denken und mein Leben geprägt und werden uns durch dieses Buch begleiten.

Wenn es so etwas gibt wie eine himmlische Tafelrunde, an der die Ritter des Königs aller Könige sitzen – Josef, David, Elia, Jesaja und Nehemia sind sicherlich dabei. Sie zählen zu diesen Helden aus alter Zeit, die ihren Dienstherrn über alles geliebt haben. Sie waren Männer nach dem Herzen Gottes. Sie eroberten ferne Länder und schlugen unzählige Schlachten. Sie wurden von Gottes Treue getragen und lebten aus seiner Gnade. Sie hatten immer ein Ziel vor Augen, eine unstillbare Sehnsucht in ihrem Herzen. Es hat ihnen einfach keine Ruhe gelassen: Die Sehnsucht nach der himmlischen Heimat und der Eifer für Gottes Reich hier auf Erden trieb sie an.

Nehemia verließ eine wohldotierte Beamtenstelle mit finanzieller Sicherheit und tauschte sein bürgerliches Leben ein gegen die Verantwortung für eine geschlagene Stadt. Jerusalem lag in Schutt und Asche, und das ließ ihn einfach nicht in Ruhe. Dem Ruf seines himmlischen Königs zu folgen, bedeutete ihm mehr als die Anstellung am irdischen Hofe des babylonischen Herrschers. Er wollte dabei sein, mitkämpfen, erobern, aufbauen und Gott durch ein glaubensvolles Leben ehren. Nehemia war nicht nur ein Held, er war ein Visionär. Er hatte einen klaren Blick für die Not seines Volkes und eine feste Vorstellung von einer neuen Zeit. Er liebte die Erweckung und sehnte sich nach Gottes Reich auf Erden.

David hütete die Schafe seines Vaters. Er war der jüngste von acht Söhnen. Ihn erwartete keine herausragende Zukunft. Der Jüngere diente den Älteren, so war es Brauch. Aber Gott hatte mit diesem jungen Mann etwas vor. Seine Berufung veränderte alles. David verließ die Enge des elterlichen Hauses und betrat die Bühne nationaler Politik. Er schlug viele Schlachten und erlebte gute, aber auch schreckliche Zeiten. Als Israels größter König ging er in die Geschichte ein. Er war ein Held, aber nicht ohne Fehl und Tadel. So beeindruckend sein Mut war, so auffällig war sein Versagen. Er war ein König und doch immer noch ein Mensch, anfällig für Versuchungen, ein Sünder eben, der von Gottes Treue und Gnade lebte. Seine Lieder begeistern uns noch heute. Die Sehnsucht nach der himmlischen Heimat, nach weitem Land und ewiger Ruhe schwingt in ihnen mit. David war nicht nur ein Held, er war der Lobpreisleiter seiner Zeit, dessen Lieder wir heute noch singen.

Elia, ein Mann aus einem unbekannten Ort im fernen Gilead, betrat die Weltbühne mit einem Paukenschlag. Von seiner Vorgeschichte erfahren wir in der Bibel nichts. Plötzlich war er da und diente Gott, seinem König, auf bewundernswerte Weise. Er erlebte die Höhen und Tiefen eines geistlichen Dienstes wie kaum ein anderer der Ritter an der himmlischen Tafelrunde. Seine Erzählungen berichten von unglaublichen Sternstunden, aber auch von tiefster Niedergeschlagenheit. Sein Glaube erscheint unerschütterlich. Sein Mut begeistert. Er kannte die Zeit der Stille, aber auch die Zeit unermüdlicher Betriebsamkeit. Er schien keine Angst zu kennen und nie den Mut zu verlieren – bis es ihn eiskalt erwischte. Elia war der erste der alttestamentlichen Helden, dem wir ein neuzeitliches Phänomen bescheinigen können: Er erlebte das, was wir in unserer Zeit einen »Burnout« nennen. Ausgebrannt, leer, ohne Hoffnung, bereit zu sterben – so treffen wir unseren Helden wieder, nachdem er vor einer gefährlichen Gegnerin in panischer Angst die Flucht ergriffen hat. Elia war der größte der alttestamentlichen Propheten. Er hat diese Erde spektakulär verlassen. Von einem Augenblick auf den anderen durfte er die himmlische Heimat sehen. Er ist mir ein Vorbild. Wenn ich seiner Geschichte in diesem Buch so viel Platz einräume, dann vor allem deshalb, weil es viele Parallelen zwischen seiner und meiner eigenen Geschichte gibt. Dies sage ich, ohne mir dabei anzumaßen, meine mit seiner Berufung zu vergleichen.

Müssen wir um etwas kämpfen, das wir schlussendlich geschenkt bekommen? Ja, denn am Ende der Lebensreise zu Hause beim Vater anzukommen, das ist beides, Kampf und Geschenk, eben eine Art göttlicher Dialektik, die ein Held des Neuen Testaments, Paulus, so ausgedrückt hat: »Schaffet, dass ihr selig werdet, mit Furcht und Zittern. Denn Gott ist's, der in euch wirkt beides, das Wollen und das Vollbringen, nach seinem Wohlgefallen.« *(Philipper 2,12b-13)*

Wir kämpfen und bekommen es doch geschenkt. Es ist mal mühsam und mal leicht, und in jedem Fall ist es Gnade. Lassen Sie uns den Himmel erobern!

Kapitel 1

Oh Mensch! Gib Acht!
Was spricht die tiefe Mitternacht?
»Ich schlief, ich schlief –,
Aus tiefem Traum bin ich erwacht: –
Die Welt ist tief,
Und tiefer als der Tag gedacht.
Tief ist ihr Weh –,
Lust – tiefer noch als Herzeleid:
Weh spricht: Vergeh!
Doch alle Lust will Ewigkeit –,
– Will tiefe, tiefe Ewigkeit!«

FRIEDRICH NIETZSCHE[1]

Wer aber von dem Wasser trinkt, das ich ihm gebe, der wird nie wieder Durst bekommen. Dieses Wasser wird ihm zu einer Quelle, die bis ins ewige Leben hineinfließt.

JOHANNES 4,14

Er führte mich hinaus ins Weite, er riss mich heraus; denn er hatte Lust zu mir.

PSALM 18,20

Sehnsucht nach mehr – Ewigkeit im Herzen

Ewigkeit, Sehnsucht nach Heimat, wirkliche Ruhe – in mir rufen diese Begriffe Bilder hervor, erinnern an Träume, lassen einen Ton in meiner Seele anklingen.

Wie kein anderer Schriftsteller hat C. S. Lewis diesen Ton meiner Seele getroffen. Er beschreibt das weite Land der himmlischen

---

[1] Friedrich Nietzsche: Also sprach Zarathustra. dtv, München 2005

Heimat und hat die Lust auf Ewigkeit in mir geweckt. Kennen Sie seine Perelandra-Trilogie[2]? Im zweiten Band der Romanreihe darf der Held der Geschichte, Ransom, Sprachwissenschaftler aus Cambridge, Abenteuer kosmischen Ausmaßes erleben und Gottes ewige Welt in einer Weise erkennen und erleben, die uns so nicht vergönnt ist.

Ich habe die gesamte Trilogie gelesen, mehrmals, immer wieder. Darin klingt an, was ich nicht besser beschreiben kann als die Lust auf Ewigkeit und die Erfüllung der Sehnsucht danach, das Ziel zu sehen und es zu erreichen. Was Nietzsche im Gedicht am Anfang des Kapitels so treffend beschreibt, in seinem grenzenlosen Hochmut jedoch nie gefunden hat, das lernte C. S. Lewis in Demut kennen: tiefe, tiefe Ewigkeit. Lewis hat *ihn* gefunden, die Quelle des Lebens, Jesus, seinen Herrn und Gott.

Meine Familie meint, ich sei hoffnungslos romantisch. Recht hat sie! Wer »Notting Hill« als einen seiner Lieblingsfilme bezeichnet, bezieht damit eine klare Stellung. Eine nicht geringe Anzahl meiner Urlaubsfotos sind Sonnenuntergänge, vornehmlich aus Schweden. Am Meer stehen, bis zum Horizont schauen, das liebe ich. Die Weite spüren, darauf freue ich mich jedes Jahr neu.

Ein Urlaub in Schweden ist mir besonders in Erinnerung. Eines Abends fuhren wir nach einem erfüllten Tag mit Freunden zurück in unser Ferienhaus. Wir kamen von Laholm und fuhren über die Höhe Richtung Halmstad. Vor uns lagen weite Felder und Wiesen, und am Horizont glitzerte das Licht der Abendsonne auf dem endlosen Meer. Meine Frau und die Kinder schliefen ruhig und zufrieden in ihren Sitzen. An diesem Abend hatte ich plötzlich einen seltsamen Eindruck, einen Wunsch: Ich sah die Straße verlängert, über den Horizont hinaus, geradezu als Weg in den Himmel. Mit meinen Lieben auf direktem Weg in die Ewigkeit, das sah ich einen Augenblick lang vor mir. Es war der Ausdruck einer immer wiederkehrenden Sehnsucht in meinem Leben. Eine tiefe Freude über die Gegenwart Gottes erfasste mich.

---

[2] C. S. Lewis: Der schweigende Stern: die komplette Perelandra-Trilogie. Heyne, München 2000

Ohne Zweifel: Wir sind für die Ewigkeit geschaffen. Es gibt eine »Provinz« in unserem Herzen, die nichts und niemand in dieser Welt füllen kann. Da gibt es noch etwas. Wir wissen das, ohne uns dessen immer bewusst zu sein. König David redet davon – besser: singt davon – in Psalm 18, der mit einer Liebeserklärung beginnt:

»Herzlich lieb habe ich dich, HERR, meine Stärke! HERR, mein Fels, meine Burg, mein Erretter; mein Gott, mein Hort, auf den ich traue, mein Schild und Berg meines Heiles und mein Schutz!« *(Psalm 18,2-3)*

Sollten Sie sich gerade in einer schwierigen Situation befinden, dann lesen Sie diesen Psalm. Ich habe ihn für mich 2001 entdeckt, in einer Zeit, in der ich wie David zu Gott schrie und nicht mehr weiterwusste. Nach der Beschreibung tiefster Not besingt David Gottes Eingreifen. Er ist der Schöpfer. Kein Problem ist zu groß für ihn. Gott kommt, und die Situation verändert sich. Er gibt einem verlorenen König wieder festen Grund unter die Füße. David ist davon zutiefst berührt und schreibt dieses unübertreffliche Bekenntnis:

»Er führte mich hinaus ins Weite, er riss mich heraus; denn er hatte Lust zu mir.« *(Psalm 18,20)*

Weite, durchatmen können, zu sich selbst und zu Gott finden und so schon hier ein Stück vom Himmel erobern. Wie oft vermissen wir das! Wie stark kann die Sehnsucht werden und uns ein Leben lang begleiten, ohne dass wir eine wirkliche Antwort bekommen? Wir fragen und suchen nach etwas, und ab und zu sprechen wir auch darüber. So wie in der folgenden Geschichte das Ehepaar in den besten Jahren, mitten in der Nacht:

Obwohl er ganz leise das Schlafzimmer betreten hat, wacht sie auf. Es ist kurz nach eins. Verschlafen dreht sie sich zu ihm um und fragt erstaunt, warum er um diese Zeit ein Eis essen müsse. Er weicht aus, aber sie lässt nicht locker. Ehefrauen lassen in solchen Momenten meist nicht locker. Ich kenne das. Was hat er? Probleme in der Firma? Nein! Sind es die Kinder? Nein! Geld? Nein! Sex? Neeeiiin! Schlussendlich vermutet sie den Beginn der unausweichlichen »Midlife-Crisis« und sagt: »Wir werden sie im Keim ersticken. Du wirst keine anderen Frauen treffen, keine Motorräder kaufen, dein Haar nicht wachsen lassen und als Pferde-schwanz tragen, und wir werden nicht nach Griechenland auswandern und Schafe züchten.« Mühsam lächelnd wehrt er ihre Fragen und Bedenken ab. Er ist mit seinem Leben ganz zufrieden, aber in der letzten Zeit muss er so viel nachdenken, irgendetwas fehlt, und so gesteht er seiner Frau: »Ich weiß es nicht genau, aber was ist, wenn es doch noch etwas gibt?«[3]

Natürlich gibt es da noch etwas. Solange ich denken kann, beschäftigt es mich. Wie ein kaum wahrnehmbarer, aber immer vorhandener, wunderschöner Duft durchzieht es mein Leben. Es beschäftigt Sie, es beschäftigt mich, solange es uns gibt. Es ist die Erinnerung an eine Zeit, die uns verlorengegangen ist. Das Wissen um einen Ort, der uns verschlossen ist. Wir sind unterwegs und suchen diesen Ort. Wir ahnen etwas von der ganz großen Freude, sehnen uns ein Leben lang nach ihr. Wir suchen sie in unseren Freundschaften, erwarten sie im nächsten Urlaub, verbinden sie mit dem neuen Auto, nur um immer wieder festzustellen, dass alle Freude dieser Welt nicht reicht.

Warum sagen wir: Vorfreude ist die schönste Freude? Weil alle erfüllte Freude sterbende Freude ist. Es gibt einfach nichts, was uns in einem endgültigen Sinn zufriedenstellt. Immer ist da die Hoffnung auf etwas, das wir nicht beschreiben können, etwas, das es doch geben muss und das wir noch nicht haben. Ein Leben lang suchen wir danach. Wir wagen dafür alles. Wir geben unsere besten Jahre dafür hin. Wir tun alles, um diesem Duft nachzuspüren, seinen Ursprung zu finden. Diese unerfüllte Freude, dieser geheimnisvolle Duft ist wie ein unstillbarer Durst. Wir trinken und werden nicht satt.

Im Neuen Testament finden wir eine Geschichte, die es einfach und klar auf den Punkt bringt, eine Geschichte, die Licht in unser Fragen bringt: Jesus und seine Jünger kamen unterwegs an einen Brunnen, der zu einer Stadt in Samarien gehörte. Sie machten dort eine Pause, und Jesus schickte die Jünger in die Stadt, um einzukaufen. Er saß alleine da, als eine Frau zu ihm an den Brun-

---

[3] Sharon Sherbondy: Ist da noch mehr? Willow Creek Edition 1999

nen trat. Jesus sprach sie an und bat sie, ihm etwas zu trinken zu geben. Die Frau war reichlich erstaunt und machte aus ihrer Verwunderung keinen Hehl, denn die Juden hatten mit den Samaritern keinen Kontakt, da sie diese verachteten. Aber Jesus sagte zu ihr: »Gib mir etwas zu trinken!« und fügte noch etwas hinzu, was wir im Original lesen müssen:

»›Wenn du wüsstest, was Gott dir geben will und wer dich hier um Wasser bittet, würdest du mich um das Wasser bitten, das du zum Leben brauchst. Und ich würde es dir geben.‹ ›Aber Herr‹, meinte da die Frau, ›du hast doch gar nichts, womit du Wasser schöpfen kannst, und der Brunnen ist tief! Wo willst du denn das Wasser für mich hernehmen? Kannst du etwa mehr als Jakob, unser Stammvater, der diesen Brunnen gegraben hat? Er selbst, seine Kinder und sein Vieh haben schon daraus getrunken.‹ ›Jeder, der dieses Wasser trinkt‹, erwiderte Jesus darauf, ›wird bald wieder durstig sein. Wer aber von dem Wasser trinkt, das ich ihm gebe, der wird nie wieder Durst bekommen. Dieses Wasser wird in ihm zu einer Quelle, die bis ins ewige Leben hineinfließt.‹ ›Dann gib mir dieses Wasser‹, sagte die Frau, ›damit ich nie mehr durstig bin und nicht immer wieder herkommen und Wasser holen muss!‹« *(Johannes 4,10-15)*

Das ist es. Hinein in eine alltägliche Situation spricht Jesus ein Wort aus einer anderen Welt. Es gibt ein Wasser, Jesus nennt es »lebendiges Wasser«, das einen ganz anderen Durst stillen kann als den, der uns vordergründig beschäftigt. Es stillt den Durst unserer Seele, den keine Quelle dieser Erde stillen kann. Theo Lehmann, ein leidenschaftlicher Prediger der guten Nachricht, hat einmal gesagt: »Du kannst mit allen Wassern der Philosophie gewaschen sein, du kannst dich mit Schnaps volllaufen lassen und deine Adern mit Drogen voll pumpen, du kannst aus dem Ozean der Weltreligionen Weisheit schlürfen, du kannst aus den trüben Tümpeln der Horoskope und Wahrsagerei saufen, du kannst das eiskalte Wasser des atheistischen Materialismus schlucken – aber deine Seele wird dabei verdursten.«[4]

---

[4] Theo Lehmann: Verrückt vor Liebe. Aussaat Verlag, Neukirchen-Vluyn 1988

Jesus wusste um diesen Durst. Deshalb wurde aus der schlichten Bitte um etwas Wasser ein seelsorgerliches Gespräch. Die Frau hatte zunächst keine Ahnung, wovon er sprach. Ihr kam überhaupt nicht der Gedanke, dass vor ihr der stand, der eine Antwort auf die große Not ihres Lebens hatte. Was Jesus dann sagte, ist wundervoll! Das ist göttliche Weisheit, das berührt mein Herz, und ich kann nur sagen: Jesus, du bist einmalig!

»›Gut‹, entgegnete Jesus, ›geh, und rufe deinen Mann. Dann kommt beide hierher!‹ ›Ich bin nicht verheiratet‹, wandte die Frau ein. ›Das stimmt‹, erwiderte Jesus, ›verheiratet bist du nicht. Fünf Männer hast du gehabt, und der, mit dem du jetzt zusammenlebst, ist nicht dein Mann. Da hast du die Wahrheit gesagt.‹« *(Johannes 4,16-18)*

Was war das? Was passierte da? Jesus, der Herr, erkannte in den wenigen Minuten ihrer Begegnung die wahre Not der Frau und kam mit einer schlichten Aufforderung zum Kern der Sache. Diese Frau war ihr Leben lang auf der Suche nach mehr, und es war bisher nie genug gewesen.

Betrachten wir das Geschehen noch genauer: Jesus machte an diesem Brunnen Mittagspause. Das ist sehr vernünftig, denn in Israel ist es mittags am heißesten. Da brennt die Sonne unbarmherzig, und wenn man nicht gerade unterwegs ist, bleibt man daheim im kühlen Haus. Wasser holen die Leute morgens oder abends, niemals mittags! Aber diese Frau holte mittags Wasser. Warum? Weil niemand im Dorf etwas mit ihr zu tun haben wollte. Die Frau hatte fünf Männer gehabt, und mit dem sechsten lebte sie gerade zusammen! Ich denke, eine solche Frau hätte es vielleicht auch in Ihrer Nachbarschaft nicht leicht. Aber Jesus verurteilte sie nicht, wies sie nicht ab, kam nicht mit moralischer Entrüstung. Er sah tiefer und sah die Not dieser Frau. Er sah ihre Sehnsucht, eine Sehnsucht nach mehr, nach Liebe, nach Erfüllung, die sie offensichtlich in ihren Beziehungen nicht gefunden hatte! Es war nie genug.

Da ist es wieder, und Sie wissen, wovon ich spreche! Wir sind alle unterwegs, auf der Suche nach mehr. Aber irgendwie reicht alles, was uns begegnet, nicht aus, um unsere Sehnsucht zu stillen.

Uns werden viele Rezepte angeboten. Man spricht von höherem Freizeitwert, besserer Lebensqualität, höherem Lebensstandard. Unsere Welt verändert sich in einem unglaublichen Tempo und bietet neue Möglichkeiten am laufenden Band:

Ich nenne ein kleines technisches Wunderwerk mein Eigen, nicht größer als eine Zigarettenschachtel, das sage und schreibe fünftausend Musiktitel speichern kann. Wo immer ich bin, kann ich auf jeden Song, jedes Stück von irgendeiner CD meiner Sammlung zurückgreifen. Unglaublich! Da bleiben doch eigentlich keine Wünsche mehr offen.

Ein lieber Freund von mir macht keinen Spaziergang mehr, ohne sich den Weg durch seinen Minicomputer via Satellit zeigen zu lassen. Mit diesem Computer kann er auch telefonieren und die aktuellen Nachrichten aus dem Internet abrufen.

Zwischen dreihundert Fernsehprogrammen können Nachbarn von mir dank digitaler Übertragungstechnik auswählen. Bleiben da noch Wünsche offen? Hat die Langeweile noch eine Chance? Wohl kaum, so denken wir.

Immer mehr Leute beschäftigen sich vor allem damit, wie sie die Langeweile des Lebens am besten bekämpfen. Das Fernsehen scheut keine Kosten und Mühen, um die Nation zu unterhalten. Kein Thema ist tabu, keine Situation zu peinlich. Männer weinen vor Millionen von Zuschauern ihren Frauen nach. Eine Gruppe junger Leute wird monatelang rund um die Uhr von 30 Kameras beobachtet, und alle dürfen zusehen. Menschliches Leid wird, von untalentierten Schauspielern unendlich schlecht gespielt, in Gerichtsshows breitgetreten. Ganze Abende lang darf über Witze gelacht werden, die eins schon lange nicht mehr sind: lustig. Unser Land amüsiert sich zu Tode. Genug ist einfach nicht genug. Der Durst wird nicht gestillt, das Heimweh als solches nicht erkannt.

Eine verborgene Sehnsucht, ein nie gestillter Durst trieb die Frau, der Jesus am Brunnen in Samarien begegnete. Mit immer neuen Affären wollte sie finden, was so nicht zu finden war. Getrieben, unstetig, immer auf der Suche nach dem großen Glück.

Was treibt uns? Immer mehr Geld, weil das beruhigt? Immer mehr Beruf, weil das am Nachdenken hindert? Immer mehr Sex, weil ständig gesteigerte Lust die nötige Abwechslung in den tristen Alltag bringt? Immer mehr globale Vernetzung, weil das Surfen im Internet eines der wenigen noch verbliebenen Abenteuer ist? Immer mehr Freizeit, weil man immer mehr Zeit für sich selbst braucht, sich aber selbst nicht findet? Immer mehr *Ich*?

Das kann es doch nicht sein. Wir ahnen das, wissen das, und doch fallen wir immer wieder darauf herein. Wie jener Mann, der die Möglichkeit hatte, in einer Welt zu leben, in der sich jeder Wunsch erfüllte, wenn man ihn nur dachte. Er wünschte sich eine großzügige Villa, und im nächsten Augenblick erfüllte sich sein Wunsch: Vor ihm stand ein Traumhaus mit drei Schlafzimmern, fünf Bädern und einem riesigen Swimmingpool. Er wünschte sich den neusten Sportwagen der Marke mit den blau-weißen Farben, und kaum war der Wunsch zu Ende gedacht, stand vor ihm der neue Z4. Er wünschte sich nach einer Traumreise eine Traumfrau und schließlich ein gutes Essen. Kaum gedacht, schon standen all seine Lieblingsspeisen auf dem Tisch. Einfach alles, was er nur wollte, bekam er. So ging das eine ganze Zeit lang, und ihm wurde immer elender zumute! Er langweilte sich zu Tode, nichts konnte ihn mehr erfreuen. Schließlich sagte er mit bebender Stimme: »Ich wünschte, ich käme hier heraus. Ich will wieder etwas selbst machen können, etwas schaffen. Ich wäre lieber in der Hölle anstatt hier.« Da beugte sich einer der Diener über ihn und flüsterte ihm ins Ohr: »Was meinst du wohl, wo du bist?«

Genug ist niemals genug. Ein paar Sätze, eine kurze Frage und es ist offenbar: Die Samariterin hatte in sich eine große Sehnsucht, die auch durch ihre vielen Beziehungen nicht gestillt wurde. Aber dann begegnete ihr Jesus. Sie traf den, der genug hat. Und es wird deutlich: Wenn Jesus wirklich der Sohn Gottes ist, wenn er wirklich vor dieser Frau stand, wenn er wirklich heute da ist, bei Ihnen, die Sie jetzt dieses Buch lesen, dann können wir manches machen, aber eins mit Sicherheit nicht: Wir können ihm nichts vormachen! Die Frau kam an den Brunnen, Jesus sah sie, und alles war klar!

Tausend Jahre früher erlebte ein Ritter unserer himmlischen Tafelrunde, David, Ähnliches. Es traf ihn in der dunkelsten

Stunde seines Lebens. Der Mann Gottes hatte versagt und sein Leben verwirkt, aber es gelang ihm meisterhaft, seinen Fehltritt vor der Öffentlichkeit zu verbergen. Er war der König. Wer wagte es da schon, ihn zu kritisieren? Das ging so lange gut, bis das Maß schließlich voll war. Eines Tages stand ein Prophet vor Davids Tür. Es war Gottes Stunde. Sein Wort kam zur rechten Zeit und traf den großen König bis ins Mark. David schrieb ein Lied, das diesen Tag und seine Wirkung beschreibt:

»Schaffe in mir, Gott, ein reines Herz, und gib mir einen neuen, beständigen Geist. Verwirf mich nicht von deinem Angesicht, und nimm deinen heiligen Geist nicht von mir. Erfreue mich wieder mit deiner Hilfe, und mit einem willigen Geist rüste mich aus.« *(Psalm 52,12-14)*

Wir erleben das. Gott begegnet uns und spricht hinein in unser Leben, aktuell, frisch, genau passend. Wie oft habe ich es erlebt, wie das, was ich sage, Menschen berührt, ohne dass ich davon weiß. Wie oft hat man mich nach dem Gottesdienst gefragt, wie ich von einer bestimmten Situation wissen konnte, auf die ich in der Predigt doch offensichtlich eingegangen war, und ich konnte guten Gewissens antworten: »Entschuldigung, aber davon hatte ich wirklich keine Ahnung.«

Einem Kollegen ist vor einiger Zeit Folgendes passiert: Es war Sonntagmorgen. Der Gottesdienst hatte bereits begonnen. Auf einmal wurde ihm deutlich, dass er den Gottesdienstbesuchern sagen sollte, Jesus liebe sie. Ihm kam das zu simpel vor, aber er wurde diesen Eindruck einfach nicht wieder los. Also sagte er es der Gemeinde: »Ich muss jemandem von euch etwas Wichtiges sagen: Gott liebt dich!« Die Reaktion der Zuhörer war eher verhalten. Gott liebt mich, schön, und weiter? Am nächsten Tag bekam der Kollege einen Anruf. Ein Mann war am Telefon und erzählte Folgendes: »Ich war am Samstag fertig mit allem. Ich habe mir Tabletten besorgt und wollte mir das Leben nehmen. Und dann musste ich an Gott denken und hab einfach gebetet: ›Gott, wenn es dich gibt, dann sag mir morgen früh in der Kirche, dass du mich liebst.‹ Am nächsten Morgen ging ich in die erstbeste Kirche, die ich sah. Es war eben Ihre Kirche. Ich saß da, und dann hörte ich, wie Sie sagten: ›Als ein Wort vom Herrn muss ich dir sagen: Gott liebt dich.‹«

Zu diesem Mann hat Jesus gesprochen. Er hat zu der Frau am Brunnen gesprochen, und wenn Sie Jesus begegnen, dann redet er zu Ihnen! Sie merken das ganz genau! Die Ewigkeit berührt Ihr Herz, Worte aus einer anderen Welt.

»Wenn du wüsstest, was Gott dir geben will und wer dich hier um Wasser bittet, dann würdest du mich um das Wasser bitten, das du zum Leben brauchst. Und ich würde es dir geben.« *(Johannes 4,10)*

Mit anderen Worten: »Frau, du bist wirklich verzweifelt. Du hast eine so tiefe Sehnsucht nach mehr, und nichts hat bisher deine Sehnsucht befriedigt. Ich kann dir helfen. Ich gebe dir Wasser, das deinen Durst stillt.«

Zurück zu uns. Könnte es sein, dass genau diese Sehnsucht der heimliche Motor unseres Lebens ist? Wir ahnen es: Diese Sehnsucht ist einfach zu stark, als dass sie durch irgendetwas in dieser Welt befriedigt werden könnte. Achtung! Wir bewegen uns auf gefährlichem Gebiet! Es gab Menschen, die an dieser Ahnung zerbrochen sind, weil sie das, was der Mann am Brunnen anbietet, ablehnten. Marilyn Monroe, die mehr als fünf Männer gehabt hat, setzte ihrem Leben mit Schlaftabletten ein Ende. Elvis Presley, der »King of Rock 'n' Roll«, Idol der Massen, nahm sich das Leben. Rex Gildo sprang aus dem Fenster, Harald Juhnke wurde zum Alkoholiker. Kurt Cobain war der wichtigste Mann in der Grunge-Band Nirvana, Idol und »Repräsentant« der Generation X. Am 4. März 1994 versuchte er das erste Mal, sich mit Tabletten das Leben zu nehmen. Er wurde zum Drogenentzug in eine Klinik eingeliefert, aus der er aber floh. Am 5. April 1994 schoss er sich in seinem Haus in Seattle mit einem Schrotgewehr in den Kopf. »You know you're right« war der letzte Song, den Nirvana in ihrer Bandgeschichte aufnahmen und Cobains letzte Möglichkeit, seine Wut durch Musik auszudrücken. Dabei handelt es sich eigentlich nur um eine indirekte, aber doch verzweifelt deutliche Bekanntgabe seiner Selbstmordabsichten.

Wo wird unsere Sehnsucht gestillt? Wie leben wir richtig? Worauf warten wir? Auf den einen großen Augenblick? Auf den großen Kick? Auf die einzigartige Gelegenheit? Wenn wieder einmal zwanzig Millionen im Jackpot sind – lohnt es sich da nicht, einfach mal mitzuspielen? Zahlreiche Lotto-Gewinner werden mit dem neuen Glück nicht fertig. Das große Los wird zum Verhängnis. Andere bleiben anonym, verändern ihren Lebensstil kaum, begreifen rechtzeitig, dass der plötzliche Reichtum sie nicht glücklicher macht. Geld, auch viel Geld, ist einfach nicht in der Lage, uns in einem letzten Sinn zufriedenzustellen. Jesus weiß das und wird nicht müde, uns zu sagen: »Wann bittest du endlich mich, deine Sehnsucht zu stillen? Was muss eigentlich noch passieren, bis du begreifst, dass ich das Leben bin, dass ich gekommen bin, um dir das Leben in seiner ganzen Fülle zu schenken?«

Die Frau am Brunnen erkannte es. Jesus sah in ihr Herz und ging sehr feinfühlig mit ihr um. Da gab es keine moralischen Vorhaltungen. Er wollte sie nicht »fertigmachen«. Er fühlte sich in ihrer Gegenwart auch offensichtlich nicht unwohl. Er ist ihr Freund und Heiland. Er sagte zu ihr: »Geh und rufe deinen Mann und dann kommt beide hierher.« Und sie musste antworten: »Ich bin nicht verheiratet.« Mit einem Blick hatte Jesus das ganze Durcheinander ihrer Beziehungen durchschaut. Viele Affären, aber keine wirkliche Beziehung. Ihr ganzes persönliches Chaos wurde offenbar. Jesus blickte auf den Grund ihrer Seele!

Etwas wird an dieser Stelle deutlich, und es sollte uns im Gedächtnis haften bleiben: Jesus ist unser Freund. Er liebt uns. Er will, dass wir heil werden. Deswegen nennt man ihn auch den Heiland. Er will uns retten. Hier, an dieser Stelle, endlich, kommt die entscheidende Aussage. Solange ich Christ bin, hat mich dieser Satz begeistert und begleitet:

»Wer aber von dem Wasser trinkt, das ich ihm gebe, der wird nie wieder Durst bekommen. Dieses Wasser wird ihm zu einer Quelle, die bis ins ewige Leben hineinfließt.« *(Johannes 4,14)*

Die Frau hatte eine ganze Reihe von Beziehungen hinter sich. Als sie Jesus kennen lernte, lebte sie mit einem Mann zusammen, der nicht ihr Ehemann war, unverbindlich, so wie all die Jahre zuvor. Ihr Leben lang hatte eine Sehnsucht sie begleitet, die niemand hatte stillen können. Jesus erkannte das und erklärte ihr, was wirklich zählt: Es gibt eine Quelle, die ins ewige Leben hineinfließt. Es gibt Wasser, das unseren Durst stillt. Und dieses Wasser bekommen wir nur bei ihm, denn er selbst ist die Quelle.

Jesus wiederholt diese Aussage später noch einmal:

»Wer an mich glaubt, den wird nimmermehr dürsten!« *(Johannes 6,35)*

In Jerusalem feierte man gerade das Laubhüttenfest, einen Feiertag, der das Volk an Israels Wanderung durch die Wüste zu Moses Zeiten erinnerte. Damals war die Suche nach ausreichend Wasser ein ständiges Problem der Israeliten gewesen. Zweimal hatte Gott durch ein Wunder Wasser aus einem Felsen hervorquellen lassen. Auch daran erinnerte man in einem feierlichen Ritual am letzten Tag des Festes. Der Hohepriester selbst leerte vor dem Tempel eine Schale Wasser aus, und das Volk sang ein Lied aus dem Buch Jesaja:

»Ihr werdet mit Freuden Wasser schöpfen aus den Heilsbrunnen. Und ihr werdet sagen zu der Zeit: Danket dem Herrn, rufet an seinen Namen! Machet kund unter den Völkern sein Tun, verkündiget, wie sein Name so hoch ist!« *(Jesaja 12,3-4)*

Während der Hohepriester das Wasser ausschüttete, unterbrach plötzlich eine einladende Stimme die feierliche Stimmung. Jesus rief in die Menge hinein:

»Wen da dürstet, der komme zu mir und trinke!« *(Johannes 7,37)*

Schluss mit oberflächlicher Sentimentalität, Schluss mit Tränen der Rührung, die keine Erleichterung bringen, Schluss mit ein wenig Seelenmassage, die beruhigt, aber nicht heilt! Jesus rief in die versammelte Menschenmenge und lud alle, die Theologen, die römischen Besatzer, die Händler, die einfachen Leute, die angereisten Pilger, ein, zu ihm zu kommen und die Sehnsucht nach Ewigkeit, diesen Durst der Seele, zu stillen.

Was macht diesen Durst aus? Worum geht es dabei? Mit dem Durst ist eigentlich Heimweh gemeint, Sehnsucht nach einem Ort, den wir verloren haben, nach dem Paradies, aus dem wir fliehen mussten. Tief in unserem Herzen wissen wir darum und wünschen uns, zu Hause zu sein. Aber so vieles schiebt sich zwischen diesen

Wunsch und seine Erfüllung. Der Weg scheint uns so mühsam und so lang. Statt endlich loszugehen, versuchen wir, das Heimweh zu verdrängen.

Unter Trinkern gibt es ein Sprichwort: Durst ist schlimmer als Heimweh! Das macht auf den ersten Blick Sinn, aber es stimmt nicht! Umgekehrt ist es richtig: Heimweh ist schlimmer als Durst! Das Trinken ist lediglich ein Versuch, mit dem Heimweh fertig zu werden.

Heimweh! Mit fünf Jahren habe ich das erste Mal erfahren, was das ist. Unsere Kinderärztin war der Ansicht, ich sei zu zart für mein Alter und von angegriffener Gesundheit. Also wurde ich für sechs Wochen auf die wunderschöne Nordseeinsel Föhr geschickt. Zusammen mit vielen anderen Kindern in meinem Alter trat ich die Reise mit Zug und Schiff an. Die meisten von uns mussten die ganze Fahrt über immer wieder weinen. Ich nicht. Ich hatte gerade die Nibelungensage in kindgerechter Fassung erzählt bekommen. Siegfried, der Drachentöter, weint nicht! Außerdem konnte ich schon bis hundert zählen, sehr zum Erstaunen meiner Betreuerin. Groß kam ich mir vor, als ich in diesen Wochen meinen sechsten Geburtstag feierte, ohne Eltern und Geschwister, ohne Tanten und Onkel, die zu allen Feiern aufkreuzten. Ich weinte nicht, nicht vor den anderen Kindern und nicht vor den Erzieherinnen. Erst abends im Bett, in dem riesigen Schlafsaal, habe ich in mein Kissen geschluchzt und wollte nur das Eine: nach Hause! Sechs Wochen auf Föhr, die Windpocken habe ich auch noch bekommen, aber irgendwie ging die Zeit vorüber. Nie werde ich den Augenblick vergessen, als wir im roten Triebwagen der Bahn am kleinen Bahnhof in Moers ankamen und meine Eltern mich in Empfang nahmen. Meine kleine Schwester hörte gar nicht mehr auf zu reden. Ich war glücklich: Endlich wieder zu Hause!

Auch als ich älter wurde, hat mich das Heimweh immer wieder gepackt, so unter anderem 1988, als ich im Auftrag unserer Kirche nach Indonesien reiste, um unsere dortige Partnergemeinde zu besuchen. Als ich nach über 24 Stunden Anreise völlig übermüdet in meinem Quartier ankam, hatte ich nur einen Wunsch: Ich musste zu Hause anrufen. Meine Frau Esther nahm den Anruf entgegen. Ich brachte fast keinen Ton heraus, habe wenig gesagt und schlussendlich geweint vor Heimweh.

Heimweh ist schlimmer als Durst. Wir brauchen ein Zuhause, einen Ort, der uns Sicherheit und Wärme gibt, einen Platz, an dem wir gut aufgehoben sind. Doch wie viele Menschen haben einen solchen Ort nie kennen gelernt, und wie viele Menschen hatten ein Zuhause und haben es verloren.

Im Dezember 2002 schlossen die Franzosen ein Flüchtlingslager für Immigranten in Sangatte. Hier lebten 4000 registrierte Insassen, die eine neue Heimat suchten. 2000 von ihnen bekamen Aufenthaltspapiere für Großbritannien, 300 erhielten Asyl in Frankreich. Der Rest wurde abgeschoben. Menschen ohne Heimat, wie unzählige andere auf dieser Welt.

»Die Krähen schrein

Und ziehen schwirren Flugs zur Stadt:

Bald wird es schnein,

Weh dem, der keine Heimat hat!«

So schreibt es Nietzsche in seinem Gedicht »Vereinsamt«, selbst heimatlos, ohne Hoffnung auf Ewigkeit, die er so eindrucksvoll herbeigesehnt hat.

Mich fasziniert, wie selbst in überhaupt nicht frommen Produktionen der Filmindustrie die Sehnsucht nach heilen Verhältnissen, nach einem Zuhause, verarbeitet wird. Kennen Sie den Film »Family Man« mit Nicolas Cage und Téa Leoni? Ich habe ihn mehrmals gesehen. Es ist die Geschichte eines sehr erfolgreichen Börsenmaklers an der Wall Street, der sich vor vielen Jahren gegen die Liebe seines Lebens und für eine Karriere entschieden hat. Eines Tages darf er, durch wunderbare Umstände, einen Blick in das Leben werfen, das er führen würde, wenn er sich damals für seine Freundin, für Ehe und Familie entschieden hätte und nicht für seine Karriere.

Jack Campell schläft in der Weihnachtsnacht in seiner Wohnung in Manhattan ein und wacht am nächsten Morgen unfreiwillig in einer anderen Welt auf. Es ist der Weihnachtsmorgen. Neben ihm schläft die Frau, die er einst verlassen hat und die nun auf einmal seine Frau ist. Er hat zwei kleine Kinder, einen Hund, ein nicht bezahltes Haus und einen Job als Reifenverkäufer im Betrieb seines Schwiegervaters. Zuerst empfindet er alles als eine einzige Katastrophe. Niemand aus seinem früheren Leben scheint ihn zu kennen. Schließlich resigniert er und ergibt sich in sein Schicksal, nur um mit der Zeit festzustellen, welchen Schatz er bekommen hat; wie viel wichtiger dieses Leben ist als seine Karriere in New York. In sein altes Leben möchte er nun nicht mehr zurückkehren, aber gerade am Morgen nach dieser Erkenntnis erwacht er in seinem Appartement in Manhattan und wird sich der ganzen Leere seines tatsächlichen Lebens bewusst. Er lässt alle Termine platzen und versucht, seine Jugendliebe wiederzufinden. Der Film stellt in nahezu frommer Art und Weise die Frage: Worauf legen wir Wert? Was ist uns wichtig?

Ich liebe mein Zuhause und genieße unsere gemütliche Wohnung. Während ich diese Zeilen schreibe, liegt unser Enkelkind auf einer Decke im Wohnzimmer, meine Frau bringt Tee und Gebäck, draußen schneit es. Ich bin zu Hause und doch – die Sehnsucht bleibt. Sie kennen das wahrscheinlich: Man kann den Augenblick nicht festhalten. Unruhe erfasst uns. Wir wollen raus, Neues entdecken, um doch wieder zurückzukommen. Irgendwie stellt sich keine wirkliche Ruhe ein. Der folgende Abschnitt im Neuen Testament spricht diese Unruhe an und zählt für mich zu den schönsten Versen der Bibel:

»Es ist also noch eine Ruhe vorhanden für das Volk Gottes.« *(Hebräer 4,9)*

Ja, eine Kraft zieht mich dorthin, wo auf ewig mein Zuhause sein wird und wo ich Ruhe finden werde.

Wir Menschen ahnen, dass es da noch etwas gibt, eine andere Welt als die unmittelbare, die uns umgibt, aber es ist für die meisten nicht unbedingt angenehm, darüber nachzudenken. Wir lenken uns lieber ab, meiden die stillen Augenblicke. Ist Ihnen aufgefallen, wie laut unsere Welt geworden ist? Eine spanische Bürgerin hat vor dem Europäischen Gerichtshof auf ruhigen Schlaf geklagt und Recht bekommen. Allerorten, besonders in den Städten und den Ferienhochburgen, rauben lautstarke Diskoklänge den Menschen den Schlaf. Der Europäische Gerichtshof hat das Recht auf ungestörten Schlaf als ein Grundrecht bezeichnet.

Warum ist alles so laut? Warum dieses ständige Gedudel? Nicht einmal auf die Toilette kann man gehen, ohne von Mozart oder Britney Spears berieselt zu werden. Könnte es sein, dass die Menschen die Stille nicht ertragen, weil dann die Erinnerungen kommen, die Fragen nach dem Sinn? Weil sich dann diese tiefe Sehnsucht zu Wort meldet? Ein unbestimmtes Heimweh, ein Verlangen nach Ruhe für unsere getriebenen Seelen? Eins steht fest: Wir kommen nicht eher zur Ruhe, bis wir den kennen, zu dem hin wir geschaffen sind. Wir werden ewig suchen und doch nicht finden, wenn wir ihn verfehlen.

Es ist klar, was uns quält: Es ist die Sehnsucht nach Ewigkeit, nach tiefer, tiefer Ewigkeit. Paulus, der Apostel, hat das dem Sinn nach so ausgedrückt: »Wenn dieses kurze Leben alles ist, wenn es keine größere Geschichte gibt als die paar Jahre, dann gibt es nur eins: Trink dich zu, überzieh dein Konto, hau dir den Bauch voll, genieße, solange du kannst! Denn morgen bist du tot.«

Das erklärt vieles, was wir heute in unserem Land beobachten. Es erklärt auch die seltsame Ruhelosigkeit, die viele Gemeinden umtreibt. Haben wir vielleicht vergessen, dass unsere Arbeit weit über die Grenzen dieser Welt hinausgeht? Unsere letzte Sorge gilt der Frage, wo die Menschen, die uns anvertraut sind, ihre Ewigkeit verbringen.

Wer einmal den Duft der ewigen Welt Gottes geatmet, einmal von dem Wasser des Lebens getrunken, einmal die Ruhe seiner Gegenwart genossen hat, der ist mit weniger nicht mehr zufrieden und kann auch nicht tatenlos zusehen, wie um ihn herum Menschen verloren gehen, weil die, die ihnen die Frohe Botschaft bringen könnten, zu sehr mit sich selbst beschäftigt sind. Wer die Quelle gefunden hat, muss von ihr erzählen. Tut er es nicht, macht er sich schuldig.

Mich erinnert die geistliche Situation in unserem Land an die Zeit in Israel, als Gott einen Mann aus einem fernen Land berief, um seinem Volk wieder Hoffnung zu geben. In der Einleitung habe ich Ihnen drei alttestamentliche Helden vorgestellt, die uns durch dieses Buch begleiten. Einer von ihnen ist Nehemia, ein Mann, der dem Volk Gottes wieder Hoffnung geben sollte.

Wir schreiben das Jahr 445 vor Christus. Jerusalem, die herrliche Stadt, die Offenbarungsstätte Gottes, lag in Schutt und Asche, und die umliegenden Völker machten sich lustig über den kümmerlichen Rest des Volkes Gottes. Jahwe, der Gott Israels, spielte im Leben der meisten Israeliten keine wirkliche Rolle mehr. Doch dann berief Gott Männer und Frauen mit einem brennenden Herzen, mit einer Sehnsucht nach geistlicher Erneuerung, Menschen mit Ewigkeit im Herzen. Nehemia war einer von ihnen. Unter seiner Regie wurde die Stadtmauer gebaut und zum ersten Mal seit langer Zeit das Wort Gottes wieder öffentlich gelesen.

Immer wieder hat mich diese Geschichte beschäftigt. Nehemia ist einer der Helden, denen ich nacheifern möchte. Er war bereit, in einer hoffnungslosen Situation das Unglaubliche zu wagen. Das, was er in seiner Antrittsrede vor den Bürgern Jerusalems beschrieb, ist eine treffende Analyse der geistlichen Situation auch heute in unserem Land.

»›Ihr seht selbst unser Elend: Jerusalem ist ein einziger Trümmerhaufen, die Stadttore liegen in Schutt und Asche. Kommt, lasst uns die Mauer wieder aufbauen, damit wir nicht länger dem Gespött der Leute preisgegeben sind!‹ Ich erzählte ihnen, wie Gott mir geholfen und was der König von Persien mir versprochen hatte (...) Als Sanballat, Tobija und der Araber Geschem davon hörten, lachten sie uns aus und spotteten: ›Da habt ihr euch ja einiges vorgenommen!‹« *(Nehemia 2,17-19)*

Die Mauer war ein Haufen loser, verbrannter Steine. Keine Mauer, kein Schutz! Offen lagen die Häuser da, offen das Haus Gottes, aller Willkür ausgesetzt, ein Spielball irdischer Kräfte. Aber Gott hatte sein Volk nicht vergessen!

Nehemia war der Mann mit Ewigkeit im Herzen. Er bestürmte seinen König, ihn freizustellen, damit er Zeit für eine höhere Aufgabe hätte. Es hatte ihn gepackt. Er sprach aber nicht nur mit seinem irdischen König, sondern er erinnerte auch Gott an seine Verheißungen, an sein Versprechen, das er in der Vergangenheit Salomo gegeben hatte:

»Wenn dann mein Volk, über das mein Name genannt ist, sich demütigt, dass sie beten und mein Angesicht suchen und sich von ihren bösen Wegen bekehren, so will ich vom Himmel her hören und ihre Sünden vergeben und ihr Land heilen.« *(2. Chronik 7,14)*

Und so brach es aus Nehemia heraus: »Herr, tu doch was! Erbarme dich!«

Auf einer Sitzung vor einigen Jahren, einer der vielen Sitzungen, die unsere Hilflosigkeit so deutlich machen, sagte eine junge Pastorin der evangelischen Landeskirche: »Ich will endlich den Aufbruch erleben und nicht immer nur meine Treue getestet sehen.« Gott belohnt die Treue und liebt unseren langen Atem, aber es kann schwer werden zu warten.

Nehemia war es schwer geworden zu warten. Ihm war darüber der Appetit vergangen. Das fiel sogar seinem Arbeitgeber auf:

»Da sprach der König zu mir: ›Warum siehst du so traurig drein? Du bist doch nicht krank?‹« *(Nehemia 2,2)*

In all den Jahren meines Dienstes als Pastor in Bremen, in meiner Gemeinde und in der Bremischen Evangelischen Allianz, haben mich Gedanken an Nehemia und seine Situation begleitet. Die erste Predigtreihe, die ich als junger Pastor gehalten habe, handelte vom Buch Nehemia! Möchte man die geistliche Situation in unserem Land beschreiben, treffender als in diesem Buch des Alten Testaments kann man wohl das Empfinden der Frauen und Männer Gottes in unseren Tagen nicht darstellen. Es vergeht einem der Appetit! Die Kirche liegt danieder und hat keinerlei Einfluss mehr. Der Gott der Christen weicht scheinbar attraktiveren Alternativen. So viele Kirchen sind leer, so viele Pastoren sprachlos. Uns bleiben nur die Tränen – aber selbst die wollen nicht kommen. Die Gemeinde Jesu hat sich vielerorts arrangiert, hat resigniert, pflegt Überkommenes und rechnet nicht mehr mit einem neuen geistlichen Aufbruch. Das hat sich mittlerweile herumgesprochen. Der englische Theologe Colin Urquhart schreibt: »Können Sie sich die Begeisterung im Himmel vorstellen, wenn Gott den himmlischen Heerscharen mitteilt, dass ein Deutscher Buße getan hat?« Ein bekannter Evangelist meint dazu: »Ich kann Ihnen nur eins sagen: Auf den vielen Weltreisen, die ich mache, hat mich noch kein Mensch nach dem deutschen Rezept für Erweckung gefragt. Noch keiner. Weil sie alle wissen: Hier ist nichts los.«

Wir scheinen, auch aus Sicht der gläubigen Weltöffentlichkeit, ein geistliches Entwicklungsland zu sein, geradezu prädestiniert für den Wunsch nach Erweckung. Unsere kirchliche, aber inzwischen auch unsere freikirchliche Situation ist oft schier hoffnungslos. Das entgeht sogar der säkularen Presse nicht. Johannes Groß, ein bekannter Kolumnist, schrieb schon vor vielen Jahren über die Kirche in unserem Land: »In regelmäßigen, vorhersehbaren Abständen ist zu lesen, dass die evangelische Kirche sich auf die Quellen ihrer Kraft besinne, Bibel und Gesangbuch rückten wieder in den Mittelpunkt, die nächste Großveranstaltung sei von frommer Spiritualität getragen, in den Gemeinden sammle man sich wieder um Wort und Sakrament. Das muss man glauben, denn zu sehen ist es nicht. Mag es auch in einigen Gemeinden nicht so trostlos hergehen wie in den Kirchenleitungen und Synodalsitzungen – es lohnt sich nicht mehr, das Schicksal des deutschen Protestantismus zu verfolgen.«

Wirklich? Sollte der Mann Recht haben? Der ehemalige Minister Hans Apel sagte in einem Interview mit dem *Focus*: »Die evangelische Kirche ist zur bequemen Segnungskirche geworden. Das Evangelium löst sich auf, wie ein Stück Zucker im Atlantik.« Befragt nach dem Zustand der norddeutschen Landeskirchen antwortete Apel: »Die Nordelbische Kirche hat keine Chance. Sie ist ruiniert. Viele sind ausgetreten, wenige besuchen die Gottesdienste, die Entscheidungsgremien sind beherrscht von Leuten, die diese Art von Nichtkirche wollen. Es ist vorbei. Sie können aus der PDS auch keine Christliche Union machen.«

Der König bemerkte, dass es Nehemia nicht gut ging, und erkundigte sich besorgt nach seinem Befinden. Nehemia antwortete: »Der König lebe ewig! Sollte ich nicht traurig dreinsehen? Die Stadt, in der meine Väter begraben sind, liegt wüst, und ihre Tore sind vom Feuer verzehrt.« *(Nehemia 2,3)*

Sehnsucht nach Gott, nach seinem Wirken, nach seiner Macht – wie können wir zur Tagesordnung übergehen, wenn die geistliche Not unseres Volkes zum Himmel schreit? Ich glaube, jede Erweckung, jede Reformation, jede geistliche Erneuerung beginnt damit, dass Männern und Frauen Gottes eine geistliche Last auf die Seele gelegt wird. Der Durst wird stärker, die Sehnsucht lässt sich nicht länger verdrängen. Rummel ersetzt nicht die Gegenwart des Heiligen Geistes, Betrieb nicht die Herrlichkeit Gottes.

Nehemia hielt nichts mehr in der königlichen Residenz Susa. Eine Last lag auf seiner Seele für sein Volk: Er musste nach Jerusalem. Alles schlief – er war hellwach.

Der englische Theologe Alan Redpath schrieb in einem seiner Bücher: »Sind unsere Herzen schon in dieser Weise beunruhigt worden? Haben wir schon einmal eine Stunde Schlaf geopfert für den geistlichen Tod in unserer Gemeinde und in unserer Stadt? Hat uns das zutiefst beunruhigt und wach gehalten, während andere schliefen?«[5]

Einige sind wach. Gemeinden erleben Erneuerung. Menschen Gottes machen sich auf den Weg. 1978 kamen in Bremen eine Reihe von Christen zusammen, denen die lokale Schulsituation auf dem Herzen lag. Bremen, zu dieser Zeit Hochburg antiautoritärer Pädagogik, machte es vielen christlichen Eltern schwer, ihre Kinder zur Schule zu schicken. Diese Christen hatten eine Last auf dem Herzen: die Vision einer christlichen Schule. Mit einer Klasse und sechzehn Schülern fingen sie an. Im Februar 2006 besuchten mehr als 1400 Schüler, die von über hundert Lehrern unterrichtet werden, diese Schule. Der ehemalige Bürgermeister der Stadt, Henning Scherf, einst nicht gerade ein Freund dieser Schulgründung, bezeichnete auf einer Veranstaltung zum 25-jährigen Bestehen die Schule als ein Vorbild für die säkularen Schulen in der Hansestadt. Hunderte von Eltern und Kindern haben in den Jahren durch den Kontakt mit dieser Schule zu Jesus Christus gefunden.

Seltsam, haben wir erst einmal unsere Mitte, unseren Ruhepol in Christus gefunden, treibt uns bald eine heilige Unruhe. Die

---

[5] Alan Redpath: Sieghafter Dienst. Francke-Buchhandlung, Marburg/Lahn 1975

Berührung mit der Herrlichkeit Gottes, das Wissen um die Ewigkeit relativiert unsere Sorgen und richtet unsere Aufmerksamkeit auf das Wesentliche. Es ist wie in dem Gedicht von Marie Schmalenbach: »Ewigkeit, in die Zeit, leuchte hell herein, dass uns werde klein das Kleine und das Große groß erscheine.« Plötzlich verändert sich etwas. Erinnerungen an alte, begeisterte Zeiten mit Gott werden wach. Die Sehnsucht nach Gottes Nähe überwindet unsere Vorurteile. Aus Zynikern werden Leute mit Hoffnung, die Abgeklärten können wieder weinen, die Traurigen verbreiten Optimismus, die Zerstrittenen suchen Versöhnung.

Ein Pastor erzählte, dass er viele Jahre lang zu Gott um Erweckung flehte, aber nichts geschah. Schließlich rief er in seiner Verzweiflung die Gemeinde zusammen und breitete seine Besorgnis vor ihnen aus, indem er sagte: »Ich habe alles getan, was in meinen Kräften steht. Es ist jetzt an Ihnen, über Ihr Verhältnis zu Gott nachzudenken.« Da stand ein grauhaariger Ältester auf, der in der Gemeinde sehr angesehen war. Er sagte: »Herr Pastor, ich wundere mich nicht, dass es keine Erweckung in dieser Gemeinde gibt. Es wird so lange keine geben, bis Bruder Müller und ich wieder miteinander reden.« Und vor all den anwesenden Leuten ging er den Gang entlang bis dorthin, wo sein »Kontrahent« saß, und sagte zu ihm: »Herr Müller, vergeben Sie mir. Zehn Jahre haben wir nicht miteinander gesprochen. Schließen wir doch Frieden miteinander.« Das taten sie dann auch an Ort und Stelle. Dann ging der Älteste an seinen Platz zurück, senkte den Kopf und betete. Während der nächsten zwanzig Minuten erhob sich einer nach dem anderen der Anwesenden, Frauen wie Männer, und brachten Dinge mit Gott in Ordnung. Dann kam der Geist Gottes herab wie ein mächtiger, rauschender Wind. Die Erweckung war da.

Was kann geschehen, wenn wir unserem Durst nachgeben und einfach nicht zufrieden sind mit einem geistlichen Leben unter Niveau?

Ewigkeit in unserem Herzen, die Freude auf den Himmel – die Sehnsucht hat einen Namen: Jesus, Gottes Sohn. Er ist das Thema unseres Lebens. Er ist die Antwort, er ist das Ziel. In seiner Nähe kommen wir zur Ruhe. Das Beste, was uns passieren kann, ist, ihm zu glauben, aufs Wort zu glauben, wenn er sagt:

»Ich bin gekommen, dass sie das Leben und volle Genüge haben sollen.« *(Johannes 10,10)*

Wenn wir den Blick von ihm wenden, dann geht die Ewigkeit verloren. Dann kommen wir ständig zu kurz, unsere Ziele verlieren ihren Glanz, die Freude verblasst. Enge, Angst beherrscht unser Leben.

Wir sind auf einer Reise, um den Himmel zu erobern. Das bedeutet Kampf, ein Leben lang. Aber wir verfolgen ein alles überragendes Ziel, ein Ziel, für das es sich zu kämpfen lohnt! Am Ende der Reise in der Heimat anzukommen und Jesus von Angesicht zu Angesicht zu sehen, das ist jeden Einsatz wert.

Den Himmel erobern – wagen wir den nächsten Schritt.

Kapitel 2

Man kann nie begreifen, oder doch erst sehr viel später, warum ein bestimmter Mensch für eine bestimmte Aufgabe auserwählt worden ist. Und wenn man es begreift, so ist es meist aus einem Grunde geschehen, der keinerlei Anlass gibt, sich darauf etwas einzubilden.

C. S. LEWIS

Und ich hörte die Stimme des Herrn, wie er sprach: Wen soll ich senden? Wer will unser Bote sein? Ich aber sprach: Hier bin ich, sende mich!

JESAJA 6,8

Fürchte dich nicht, denn ich habe dich erlöst; ich habe dich bei deinem Namen gerufen; du bist mein!

JESAJA 43,1

Auf dem Weg – der Berufung folgen

Schon immer habe ich mich für solche Helden interessiert, die sich nicht einfach und ohne zu zögern in gefährliche Abenteuer stürzen, sondern die sich angesichts einer großen Aufgabe verunsichert fühlen. Der Altphilologe Ransom in dem Roman »Perelandra« von C. S. Lewis ist so einer. Zögerlich beginnt er seine Reise. Die Abenteuer auf dem Planeten Perelandra verlangen ihm alles ab und verändern ihn nachhaltig. Er betritt eine Welt, die keinen Sündenfall erlebt hat. Die Schöpfung spiegelt ungebrochen die Herrlichkeit Gottes wider. Keine Schuld steht zwischen den Menschen und Gott, und so versperrt nichts den Weg in seine Gegenwart. Ransom betritt eine paradiesische Welt und begegnet einem Geschöpf, das Sünde nie kennen gelernt hat. Liebe, Gehorsam und Vertrauen schaffen eine Welt, die wir nur erahnen können, nach der wir uns sehnen, die wir aber seit der Vertreibung aus dem Paradies verloren haben.

Ransom möchte eigentlich gar keine Abenteuer erleben. Er ist nicht gerade ein Held. Er fürchtet sich und würde sich viel lieber in seinen Büchern vergraben, als die Tiefen des Weltraums zu erforschen. Aber was will er machen? Gott beruft ihn, und höhere Ziele bestimmen auf einmal sein Leben. Er muss seine kleine akademische Welt verlassen, um an einer Geschichte teilzuhaben, die viel größer ist, als er es sich vorstellen kann.

Auch wir sind Teil einer solchen Geschichte. Gott ruft uns – beruft uns. In dem Augenblick, in dem wir seinem Ruf Folge leisten, wird nichts mehr so sein wie früher: Wir verlassen das ziellose Treiben der Welt und stellen uns in den Dienst dessen, der Himmel und Erde gemacht hat und der für unser Leben einen großen Plan hat. Unsere Sehnsucht findet ihre Entsprechung. Wir beginnen eine Reise, deren Ziel klar ist. Überall in der Bibel findet sich dieses Prinzip. Wo immer Menschen mit Gott in Berührung kommen und bereit sind, ihre Welt für die Seine aufzugeben, beginnt ein Abenteuer.

David, Hirtenjunge und jüngster Spross einer großen Familie, wurde von Gott berufen, und von Stund an war nichts mehr so wie bisher. Er musste kämpfen und Abenteuer bestehen. Seinen alles entscheidenden Kampf gegen Goliath werden wir uns später noch näher anschauen. Auch Nehemia, gut bezahlter Beamter im staatlichen Dienst einer ausländischen Großmacht, stellte sich seiner Berufung. Es war klar: Nie wieder würde er seinen Platz hinter dem Schreibtisch einnehmen. Elia schließlich, der uns durch dieses Buch begleiten wird, kam aus einer kleinen Stadt, die wir heute nicht einmal mehr lokalisieren können. Gott rief ihn, und das Abenteuer begann.

Ich komme aus einer kleinen Stadt am Niederrhein, aus Moers, Geburtsstätte von Gerhard Tersteegen, dem herausragenden Vertreter des Pietismus im 18. Jahrhundert, und Hans-Dieter Hüsch, Kabarettist und Christ. Die beiden Personen markieren auch gleich den Spannungsbogen der Frömmigkeit, in der ich aufgewachsen bin. Meine Eltern waren fromme Leute. Sie gehörten zur evangelischen Landeskirche und gleichzeitig zu einer christlichen Gemeinschaft. Mein Vater war in dieser kleinen Versammlung Gemeindeleiter, wie schon mein Großvater vor ihm. Hin und wieder besuchten wir den Gottesdienst der Landeskirche, besonders an den großen Fest- und Feiertagen, aber an jedem Sonntagnachmittag gingen wir in die Versammlung, zur so genannten »Stunde«, die sich eher über zwei Stunden hinzog.

Mit Beginn der Teenagerzeit wurde mir die Zugehörigkeit zu diesem Kreis eher peinlich. Zu exklusiv war die Frömmigkeit, zu weltfremd unser Leben. Dennoch hat Gott mich hier erreicht. Ich hätte keinen Freund in unsere Gottesdienste mitgebracht, aber mich selbst hat Jesus genau dort gerufen.

Meine Freunde fand ich in der Landeskirche. Hier wurde ich auch getauft und konfirmiert. Mit zwölf Jahren wollte ich unbedingt mehr, ich wollte richtig mit dazugehören. Jungs aus meiner Konfirmandenklasse waren bei den Pfadfindern, erzählten abenteuerliche Geschichten und bildeten eine Gruppe für sich. Ich erinnere mich, dass ich die Jungen oft neidvoll beobachtete, aus der Ferne, mit nur einem Wunsch: Ich wollte auch ein Pfadfinder werden!

Wenig später gehörte ich dazu, und eine wundervolle Zeit begann: Ich lernte die verschiedenen Knoten, konnte Signale im Morsealphabet absetzen, erste Hilfe leisten und fachgerecht ein Lagerfeuer anzünden. Ich bekam das graue Hemd der Pfadfinder mit der blauweißen Lilie auf der Brusttasche, trug das blaue Halstuch und ein Fahrtenmesser, ein echtes finnisches Messer in einer Lederscheide. Jeden Tag eine gute Tat, das war mein Versprechen, als ich in einer feierlichen Stunde Jungpfadfinder wurde.

Ich fand neue Freunde. Ständig waren wir zusammen, in den Gruppenstunden und Zeltlagern. Eines dieser Zeltwochenenden werde ich nie vergessen. Wir lagerten irgendwo am Niederrhein, in der Nähe von Xanten. Mit den Fahrrädern waren wir am Freitagnachmittag aufgebrochen und abends todmüde am Lagerplatz angekommen. Dann wurden die Zelte aufgebaut, die Koten und Jurten, deren Aufbau eine Wissenschaft für sich war. Die Schlafsäcke wurden auf den Boden gelegt – wer hatte damals schon eine Luftmatratze –, und über dem offenen Feuer wurde das Essen gekocht. Am ersten Abend sollte es Reis geben. Was wussten wir schon über Reis! Pro Junge ein Päckchen – das schien uns angemessen. Wir aßen dann drei Tage lang Reis und fertigten von dem Rest noch Reisbomben an, um auf einen befürchteten Überfall durch die katholischen Pfadfinder vorbereitet zu sein. Die lagerten in der Nähe, und unser Leiter hatte uns vor einem möglichen Angriff gewarnt. Wir stellten Wachen auf, versteckten den Wimpel und legten uns neben dem schon erwähnten Reis Grassoden als Wurfgeschosse zurecht. Die ganze Nacht haben wir gefroren und gewacht. Der Überfall fand nicht statt, aber einer der Jungen erlegte mit dem Speer einen Igel. Das arme Tier hatte im Gebüsch geraschelt und wurde in der dunklen Nacht am Lagerfeuer zu einem gefährlichen Ungeheuer, das es zu besiegen galt.

Ein weiteres Ereignis im Pfadfinderleben war das alljährliche Krippenspiel: Jedes Jahr, immer kurz nach den Herbstferien, wurden einige von uns zur Gemeindeschwester gerufen. Wir waren die Auserwählten: Wir sollten in dem alljährlichen Weihnachtsstück mitspielen. Ich war von Anfang an dabei, fühlte mich geehrt und genoss die Proben mit den Mädchen, die sonst ihre eigenen Gruppen hatten. Erste Blicke, erste Liebe – es war eine besondere Zeit. Eines dieser Theaterstücke werde ich nicht vergessen. Ich war ein römischer Centurio, der sich weigerte, die kleinen Kinder in Bethlehem auf Befehl des Königs Herodes umzubringen. Mein Widersacher war ein Scherge Roms in schwarzer Uniform, im wirklichen Leben mein Freund und ständiger Konkurrent im Kampf um die Gunst der Gemeindeschwester. Ich wurde verhaftet und angeklagt, aber ich blieb standhaft. In der ausgeliehenen Uniform der Moerser Theaterbühne war ich ein Held, hatte Spaß an den Proben und gehörte dazu.

Ich genoss diese Zeit – bis zum Tag der Aufführung. Bis zu diesem Tag ging es mir gut und ich war froh, dabei zu sein. Aber dann, als es endlich so weit war und ich vor Aufregung zu sterben glaubte, kam immer wieder, Jahr für Jahr, die gleiche Frage in mir hoch: »Klaus, warum tust du dir das an? Die anderen Jugendlichen sitzen jetzt in den Reihen, schauen kritisch zu, freuen sich auf die Bescherung, genießen den Abend, und du kommst fast um vor Herzklopfen.«

Wenn dann der Gottesdienst am Heiligen Abend vorbei war, alles gut geklappt hatte und der Held abtreten konnte, ging es mir wieder gut und ich wusste: »Nächstes Jahr bin ich wieder dabei.« Ich wollte das nicht unbedingt, gerne hätte ich mir die Aufregung vom Halse gehalten, aber ich musste doch dabei sein. Es war für mich einfach meine Bestimmung. Trotz des Lampenfiebers machte es mir viel Freude, und ich wusste, das war etwas, das ich trotz der Ängste einfach machen musste.

Kennen Sie das? Eigentlich will man seine Ruhe haben, will das Leben genießen und das Beste mitnehmen. Aber Gott hat etwas anderes mit einem vor, und Zug um Zug bereitet er eine Berufung vor. Das zeichnet sich oft schon sehr früh in unserem Leben ab, im Wirrwarr unserer Selbstfindung, und wir ahnen nicht, dass der Vater im Himmel währenddessen an der Arbeit ist.

Mein Leben sollte eigentlich völlig unspektakulär verlaufen: Für alle war klar, dass ich in die Fußstapfen meines Vaters treten würde. Ich sollte einmal sein Geschäft übernehmen und wie er orthopädische Schuhe fertigen. Mein Großvater hatte den Betrieb nach dem Krieg gegründet, und mit mir sollte er in der dritten Generation weitergeführt werden. Also blieb ich auf der Hauptschule und ging, entgegen der Empfehlung meiner Lehrerin, nicht auf das Gymnasium. Ich lernte den Beruf meines Vaters, begann mit vierzehn Jahren die Lehre, arbeitete acht Stunden am Tag und war – unzufrieden. Ich wollte mehr lernen, mehr wissen. Alle meine Freunde besuchten das Gymnasium, oder wenigstens die Realschule, unterhielten sich über ihre Lehrer und übertrafen sich mit ihren Klagen über den langweiligen Lateinunterricht. Im zweiten Lehrjahr meldete ich mich bei einer Abendschule an und holte das Versäumte nach. Drei Mal pro Woche ging ich nach der Arbeit zur Schule, um mein Fachabitur zu bestehen.

Als ich die Lehre beendet hatte und als Geselle mein erstes Gehalt bezog, kam die Berufung. Gott hatte etwas anderes mit mir vor, und mir wurde klar: Ich wollte nicht in die Fußstapfen meines Vaters treten. Stattdessen wollte ich Pastor werden. Dabei spielten auch Eindrücke aus meiner Kindheit eine Rolle. Besonders eine Erinnerung beschäftigte mich: Die ganze Familie besuchte einen besonderen Gottesdienst in Mülheim. Wir saßen in den engen Reihen und lauschten einer nicht enden wollenden Folge von Grußworten. Vorne, auf dem Podium, saßen die Pastoren aus den teilnehmenden Gemeinden, und ich kleiner Kerl dachte: »Da will ich auch sitzen, wenn ich einmal groß bin!« Heute kommt mir das wie ein erstes Anrühren Gottes vor. Er nimmt selbst die sicherlich nicht nur geistlich motivierten Wünsche eines kleinen Jungen ernst und macht eine Berufung daraus.

Ich ging also noch einmal zur Schule. Das Fachabitur reichte nicht für ein Theologiestudium. Nach nur einem Gesellenjahr in dem erlernten Beruf ging ich wieder ganztags zur Schule, und nach zweieinhalb Jahren hatte ich mein Abitur – inklusive des großen Latinums – in der Tasche und freute mich über einen Studienplatz in der Schweiz. Meine Mutter war von meinen Plänen anfangs nicht begeistert. Ich weiß noch, wie sie mich anschaute und sagte: »Junge, willst du das wirklich? Du kannst doch unseren Betrieb übernehmen. Du bist viel zu sensibel, um Pastor zu werden.« Dreißig Jahre später musste ich in einer ganz dunklen Zeit meines Lebens daran denken, und ich fragte mich: »Hatte meine Mutter nicht Recht gehabt? Warum habe ich mich mein Leben lang immer wieder auf Herausforderungen eingelassen, die mich so deutlich an die Grenzen meiner Kräfte und meiner nervlichen Belastbarkeit führten?«

Was damals in der Theatergruppe begann, hat sich wie ein roter Faden durch mein Leben gezogen: Ich tue Dinge, die ich eigentlich gar nicht will – oder will ich sie doch? Ich spüre die Hand des großen Gottes auf mir, erkenne seine Berufung für mich, und ich kann und will mich dem nicht entziehen – egal was es kostet.

Es lebte in Israel einmal ein Mann mit einer besonderen Geschichte. Von ihm war bisher noch nicht die Rede. Er war ein Gesandter Gottes, ein Prophet, wie Elia. Er lebte in schweren Zeiten und hatte unangenehme Botschaften zu übermitteln. Sein ganzes Leben veränderte sich, weil er im entscheidenden Moment Ja sagte. Die Rede ist von Jesaja, der die schönsten und tiefsten Verse des Alten Testaments verfasste. Was machte seine Berufung aus? Nun, er durfte einen Blick auf Gottes Herrlichkeit werfen, und das erschütterte ihn zutiefst. Das haute ihn um! Er sah die himmlischen Wesen vor dem Thron Gottes, hörte ihren Lobpreis und rief verzweifelt:

»Weh mir, ich vergehe! Denn ich bin unreiner Lippen und wohne unter einem Volk von unreinen Lippen; denn ich habe den König, den HERRN Zebaoth, gesehen mit meinen Augen.« *(Jesaja 6,5)*

Jesaja wurde sich bewusst, dass er im Reich Gottes gar nicht so einfach mitarbeiten konnte, selbst wenn er es wollte. Er fühlte sich schmutzig und unwürdig. Er wollte gern dabei sein, aber wie konnte er die Gegenwart Gottes ertragen?

Mir ist nicht ganz wohl bei der ständigen Betonung, wie wichtig unsere Mitarbeit für das Reich Gottes angeblich sei. »Unser Gebet bewegt den Arm Gottes« und »Wir sind die Arme, die Hände, die Augen Jesu!«, so höre ich. Wie oft habe ich selbst über die Mitarbeit gepredigt. Dienst ist ein entscheidender Wert in unserer Gemeinde, aber wir sollten nicht auf den Gedanken kommen, dass wir Gott mit unserer Mitarbeit in der Gemeinde einen Gefallen tun. Gott braucht uns nicht. Er kann diese Welt sehr wohl allein regieren. Er ist der ewige, allmächtige und heilige Gott, der keinen Mangel kennt. Er spricht ein Wort, und es geschieht. Unzählige Engel sind seine Boten, Diener seiner Herrlichkeit. Glauben wir da im Ernst, dass er auf unsere Mitarbeit angewiesen ist? Wenn er sie dennoch fordert, dann nur aus einem Grund: Er will uns, weil er uns liebt!

Jesaja erkannte in einem Augenblick, wie unerreichbar der Himmel für ihn war, und stammelte: »Weh mir, ich vergehe!« Gott war es, der die Initiative ergriff, der ihn berührte, ihn reinigte und würdig machte. Dann erst kam es zur Berufung:

»Und ich hörte die Stimme des Herrn, wie er sprach: Wen soll ich senden? Wer will unser Bote sein? Ich aber sprach: Hier bin ich, sende mich!« *(Jesaja 6,8)*

Es geht nicht darum, ob wir mitarbeiten wollen. Es geht darum, ob wir es überhaupt dürfen. Wer bin ich, dass ich auf einer Kanzel stehe und predige? Wie kann ich es wagen zu sagen: »Im Namen des Vaters, des Sohnes und des Heiligen Geistes«? Ich kann es nur sagen, weil der Herr mich berufen hat! Er hat Jesaja berufen. Er beruft auch Sie.

Ich war vielleicht zehn Jahre alt und lag mit einer Grippe im Bett. Grippe bedeutete für mich damals: Keine Schule, Traubensaft und Kinderschallplatten hören. Mein Favorit war eine Schallplatte von einem holländischen Missionar, der kindgerecht über Mitarbeit in Gottes Reich sprach. Sein Beispiel war die Heilsarmee. Ich kann heute noch ein Lied von der Schallplatte singen, das ich damals immer wieder gehört habe und das davon handelt, dass Jesus eines Tages wiederkommen wird. Als mein Vater zu mir ans Bett kam, um nach mir zu sehen, sagte ich ihm: »Wenn ich groß bin, gehe ich zur Heilsarmee!« Aus der Heilsarmee ist nichts geworden, aber Pastor bin ich geworden.

Mir ist das nur zu bewusst: Nur durch Gottes Liebe und Gnade darf ich in seinem Reich mitarbeiten. Er braucht mich nicht. Er könnte das alles viel besser machen als ich. Aber er liebt mich, beruft mich und weist mir meinen Platz zu. Ich arbeite mit, weil ich ihn liebe. Die Arbeit ist nicht das Ziel, sie ist das Mittel. So kann ich Jesus meine Liebe ausdrücken. So nehme ich seine Berufung an.

Ausgerechnet Mutter Theresa, die viele Menschen für ihren treuen Dienst an den Armen, Kranken und Schwachen bewundern, hat einmal gesagt: »Weil wir Ordensleute sind, liegt unsere eigentliche Berufung nicht darin, für die Aussätzigen oder Sterbenden zu sorgen, sondern Jesus anzugehören. Weil ich ihm angehöre, ist die Arbeit für mich ein Mittel, meine Liebe zu ihm in die Tat umzusetzen. So ist sie kein Ziel, sie ist ein Mittel.«

Berufung – beschäftigen wir uns mit einem Mann, der eindeutig das Leben eines Berufenen führte: Elia. Er stand gegen die Gottlosigkeit in seinem Volk auf, gegen ein Herrscherhaus, das nicht einmal mehr den Schein des alten Glaubens wahrte. Ahab und Isebel hatten mit dem Gott Israels gebrochen. Sie hatten sich ganz der heidnischen nahöstlichen Götterwelt verschrieben. Elia nahm kein Blatt vor den Mund, wurde aber auch nie anmaßend oder überheblich. Er war ein Diener Gottes, ein Prophet, ein Held im Heer des großen Königs.

Wenn es uns in unserer heutigen Zeit schwerfällt, unsere Berufung gegen alle Widerstände einer gottlosen Welt zu leben, dann kann es sehr hilfreich sein zu erfahren, wie zu Elias Zeiten die Lage war. Lesen Sie selbst:

»Ahab, der Sohn Omris, wurde König von Israel im 38. Regierungsjahr König Asas von Juda. Er regierte zweiundzwanzig Jahre in Samaria. Auch Ahab tat, was der Herr verabscheute, noch schlimmer als alle seine Vorgänger. Nicht genug, dass er wie Jerobeam, der Sohn Nebats, am Götzendienst festhielt; er ging noch weiter und heiratete Isebel, die Tochter König Etbaals von Sidon. Er verehrte ihren Götzen Baal und betete ihn an. Ja, er baute ihm in Samaria sogar einen Tempel mit einem Altar. Auch für die Göttin Aschera errichtete Ahab eine Statue. Mit allem, was er tat, schürte er den Zorn des Herrn, des Gottes Israels, so sehr wie kein anderer israelitischer König vor ihm. Der Prophet Elia aus Tischbe in Gilead sagte eines Tages zu König Ahab: ›Ich schwöre bei dem Herrn, dem Gott Israels, dem ich diene: Es wird in den nächsten Jahren weder Regen noch Tau geben, bis ich es sage!‹« *(1. Könige 16,29-33 + 17,1)*

Wenn wir unsere Zeit verstehen wollen, dann müssen wir uns mit der Geschichte beschäftigen und daraus lernen. Die Bibel ist zu einem großen Teil ein Geschichtsbuch. Gott möchte, dass wir von der Geschichte Israels etwas für unsere Zeit und für unsere ganz persönliche Situation lernen.

Wie war das damals? Unter drei berühmten Königen, Saul, David und Salomo, hatte Israel sich zu einem blühenden Land entwickelt. Als Salomo starb, zerfiel der Staat in ein Nordreich, das den alten Namen Israel trug, und in ein Südreich, das Juda genannt wurde. Etwa zweihundert Jahre lang existierte das selbstständige Nordreich, also Israel. Neunzehn Könige regierten in dieser Zeit, und alle hatten sie eins gemeinsam: Sie waren als Könige nicht zu gebrauchen. Jedes Mal, wenn in der Bibel von einem dieser Könige die Rede ist und sein Leben beurteilt wird, finden wir folgenden Satz: »... und er tat, was dem Herrn missfiel.« *(z. B. in 1. Könige 15,16.34)*

Wenn ich von Menschen, die am Glauben interessiert sind, gefragt werde, mit welchem Buch der Bibel sie beginnen sollten, käme ich nie auf den Gedanken, ihnen das erste Buch der Könige zu empfehlen. Dieses biblische Geschichtsbuch ist über weite Strecken eine deprimierende Lektüre. »Er tat, was dem Herrn missfiel« – immer und immer wieder. Das sind nicht gerade Mut machende Aussichten.

722 v. Chr. wurde das Nordreich Israel, mit der Hauptstadt Samaria, von den Assyrern erobert und vernichtet. Bis auf den heutigen Tag weiß man nicht genau, wo die zehn deportierten Stämme Israels eigentlich geblieben sind.

Das Südreich Juda, mit der Hauptstadt Jerusalem, existierte knapp 350 Jahre, bevor die Babylonier es eroberten und 586 v. Chr. die babylonische Gefangenschaft für die Juden begann, aus der sie zum Teil erst nach siebzig Jahren zurückkehrten.

Elia trat als Prophet in Israel, also im Nordreich, auf. Bevor er die Bühne der großen Politik betrat, hatte das Volk schon einige gottlose Könige erlebt. Mit Jerobeam fing es an:

»Trotz allem, was geschehen war, ließ Jerobeam sich nicht von seinen falschen Wegen abbringen. Er setzte weiterhin Priester aus dem ganzen Volk zum Dienst bei den Heiligtümern ein. Wer immer sich darum bewarb, den weihte er selbst zum Priester.« *(1. Könige 13,33)*

Das geschah im Volk Gottes! Mit Heiligtümern sind nicht etwa Synagogen gemeint, sondern Tempel für heidnische Götter. Das wäre so, als wenn wir in unserer Gemeinde als Hilfe zur Meditation eine Buddhastatue aufstellen würden.

Jerobeam war politisch ein Versager. Korruption, Betrug und Mord bestimmten seine Regierungszeit. Und auch nach ihm ging es so weiter: Nadab war zwei Jahre lang sein Nachfolger auf dem Königsthron, dann wurde er ermordet. Drahtzieher war Bascha, ein Mann, den man sich nicht als Schwiegersohn wünscht, ein übler, mordgieriger Mensch. Vierundzwanzig Jahre regierte er, dann kam Ela. Der war wieder nur zwei Jahre lang König, bis er von seinem Nachfolger Simri ermordet wurde. Simri machte keine halben Sachen und ließ neben seinem Vorgänger auch gleich alle anderen Angehörigen des Königshauses töten. Es geht hier nicht um Hitler, Stalin, Mao Tse-tung oder Saddam Hussein, sondern um die Könige Israels! Was für Zustände! Ein Mörder brachte den anderen um. Abgötterei und Bosheit triumphierten. Das Land zerfiel moralisch und wirtschaftlich.

Wir können aus der Geschichte lernen oder nicht. Aber ohne Zweifel: Die alten Zeiten waren auch nicht so viel besser als die unseren. Heute wie damals gilt: Falsche Götter bedingen falsche Moral und umgekehrt.

Elia trat in gottloser Zeit während der Regierungszeit von König Ahab und seiner Frau Isebel auf. Sein Kampf war heldenhaft. Vollmächtig tat er seinen Dienst. Und doch sollte er zu seinen Lebzeiten keine wirkliche Umkehr und Erneuerung in seinem Lande miterleben. Er sollte der Prediger in der Wüste bleiben, Gottes mahnendes Zeichen für ein Volk, das nicht hören wollte.

874 vor Christus fing Elia an zu predigen. In Israel herrschte die Angst. Ein mörderisches, gottloses Ehepaar regierte das Volk Gottes. Hier setzt nun die uns bekannte Geschichte Gottes mit diesem alttestamentlichen Helden ein.

Es stand nicht gut um Israel, und für den kleinen Rest von Gläubigen, die am lebendigen Gott festhielten, gab es kaum noch Hoffnung: Sie lebten im Untergrund. Im Tempel von Jerusalem standen Götzenbilder, und es wurden heidnische Rituale gefeiert, wo früher das Lob Gottes erklang. Jahwe, der Gott Israels, der alleinige Gott, spielte im öffentlichen Leben keine Rolle mehr. An seine Stelle waren vor allem Fruchtbarkeitsgötter getreten, die Baale und Aschera. Das waren viel attraktivere Götter für den König und das Volk. Da war die Moral locker, die Sitten waren frei. Prostituierte dienten als Priesterinnen im Tempel.

Heute beklagen wir den sittlichen und wirtschaftlichen Verfall unseres Landes und tun dies zu Recht. Dieser Verfall hat unmittelbar etwas mit dem allgemeinen Verlust des Glaubens zu tun. Beim Prager Forum 2000 diskutierten führende Persönlichkeiten aus aller Welt über Zukunftsfragen. Der damalige tschechische Ministerpräsident Václav Havel sagte in einer Rede: »Zunehmende Gottlosigkeit ist mitverantwortlich für die derzeitigen globalen Krisen.«

Als das alte Israel an einem Tiefpunkt angelangt war und seit Generationen keine Erweckung mehr stattgefunden hatte, berief Gott Elia, um zu König und Volk zu sprechen. Plötzlich, ohne jede Vorankündigung, war er da und stand vor dem König. Oswald Sanders beschreibt es folgendermaßen: »Elia erschien zur Stunde Null der Geschichte Israels ... wie ein Meteor leuchtete er in der rabenschwarzen geistlichen Nacht Israels auf.«[6]

Elia trat gegen die Gottlosigkeit in seinem Land auf. Seine Gegner waren mächtige Leute. Der König Ahab, schwach und grausam, stand ganz unter der Fuchtel seiner Frau Isebel, deren Persönlichkeit dämonische Züge trug. In ihrem Tun war sie tatsächlich ein Werkzeug Satans.

Die geistliche Situation erschien aussichtslos. Es war eine Zeit dämonischer Finsternis. Der Riss zwischen Gott und seinem Volk hätte nicht tiefer sein können. Als Leser dieser biblischen Geschichte mag man sich erschrocken fragen: »Was ist nur aus Gottes Volk geworden?« Der Moment für eine himmlische Intervention war gekommen. Gottes Stunde brach an. Gott wusste um das sehnsuchtsvolle Gebet der Menschen, die in Israel die Wende herbeibeteten. Er wusste um die Verlorenheit seines Volkes und sah hinter ihrer vordergründigen Gottlosigkeit eine tiefe Sehnsucht nach wirklichem Leben.

Elia wird uns vorgestellt als »der Tischbiter«. Irgendwo in Gilead, in Transjordanien, lag seine Heimatstadt Tischbe, so bekannt oder unbekannt wie Schalksmühle oder Stuckenborstel. Er trat vor den König und sagte nur einen Satz:

»Ich schwöre bei dem Herrn, dem Gott Israels, dem ich diene: Es wird in den nächsten Jahren weder Regen noch Tau geben, bis ich es sage!« *(1. Könige 17,1)*

So wirkt Gott: ganz plötzlich und unerwartet, wie auch wir das kennen. Lange Zeit tut sich nichts. Das Gebet der Gläubigen scheint ohne Wirkung. Es wird schwer, über viele Jahre um einen geistlichen Aufbruch zu beten, wenn es eher schlimmer als besser wird. Der Himmel erscheint verschlossen, die Gebete unerhört.

---

[6] In: Charles Swindoll: Elia. Hänssler Verlag, Holzgerlingen 2003

Hermann Bezzel schrieb vor langer Zeit: »Die größte Klage, die ein Christenherz hat, ist, wenn der Himmel ehern ist. Ich kenne keine größere Not auf dieser notreichen Erde, als wenn das Gebet wirkungslos zurückgeht und Gott sein Antlitz verhüllt. Doch dazu sind wir nicht teuer erkauft und darum ist er nicht auf Erden gekommen, dass unser Sehnen auf Erden ungehört verhalle und darum sprechen wir: Sprich, tadle, wie du willst, zerbrich all das Meine, aber sprich.«

Können wir heute anders beten? Unser Volk braucht Jesus. Ich bin fest davon überzeugt, die Gemeinde ist die Hoffnung für unser Land. Wir brauchen Männer und Frauen Gottes, die sich rufen lassen. Wagen wir es, prophetisch zu leben in nachchristlicher Zeit, dann gibt es für unsere Kinder eine Zukunft.

Elia stand vor Ahab und Isebel. Eigentlich lautet sein Name »Elijah«. Das ist eine Verbindung der Gottesnamen Elohim und Jahwe. Verbunden mit dem hebräischen Vokal für »mein« bedeutet dieser Name: »Mein Gott ist Jahwe« oder »Mein Gott ist der Herr«. Das israelitische Königspaar betete Baal und Aschera an. Und plötzlich stand vor ihnen ein Mann, dessen Name schon ein unmissverständliches Bekenntnis war: »Mein Gott ist der Herr.« Aus einem uns nicht bekannten Grund war dieser Mann Gottes Bote und wurde zum größten Propheten des Alten Bundes. Er trat vor den König und kündigte eine verheerende Dürre an. Woher wusste Elia von der bevorstehenden Gefahr? Gott selbst hatte es ihm gesagt! Prophetie ist Verkündigung, Predigt, aber auch Offenbarung. Es kommen Dinge ans Licht, die niemand wissen kann. Gott offenbart Menschen seine Pläne und lässt sie wissen, was kommen wird.

Ich will niemandem leichtsinnig einen Floh ins Ohr setzen und ihm versprechen, dass er solche Erfahrungen machen wird wie Elia. Er war selbst im großen Zusammenhang des Alten Testaments etwas Besonderes. Aber wer kann schon sagen, was Gott mit uns vorhat. Wir werden vielleicht nicht vor Politikern und Wirtschaftsführern auftreten, aber Gott ruft uns und gibt uns Verantwortung in dieser Zeit! Zuallererst für unsere Kinder, unsere Geschwister, unsere Eltern. Dann für die Menschen, mit denen wir arbeiten, für Nachbarn und Freunde. Wer weiß, zu wem wir in diesem Jahr reden sollen.

Bei Elia fällt auf, wie geradlinig er seine Aufgabe anging: Er kam direkt zur Sache. Jetzt war es Zeit. Elia sagte, was er sagen musste. Er war ein Bote Gottes, der einen ganz bestimmten Platz ausfüllte.

Das zieht sich wie ein roter Faden durch die ganze Bibel und ich glaube, es gilt heute genauso wie damals: Gott sucht immer wieder Menschen, die bereit sind, einen solchen Platz auszufüllen. Gott sucht Leute, die sich nicht mit dem Mittelmaß zufrieden geben. Menschen, die sich nicht in ihrer Umgebung auflösen und so als Christen gar nicht wahrgenommen werden. Gott sucht Leute, die überzeugt und konsequent zu ihrem Glauben stehen. Die nicht peinlich berührt sind, so als müsse man sich schämen, weil man glaubt.

Wir sind unterwegs. Wir folgen einem Ruf, der an uns ergangen ist. Und auf dieser Reise sind wir nicht allein. Viele andere Menschen zu allen Zeiten teilten und teilen unsere Berufung. Gott hat uns vor der Zeit erwählt, heute will er uns in seine Geschichte stellen, und morgen werden wir uns in der Ewigkeit an und mit ihm freuen.

Der Prophet Elia kann für uns ein Vorbild sein. Zwar ist seine Geschichte eine andere, aber die Treue Gottes ist dieselbe und Gottes Weg mit uns ist Elias Auftrag ähnlicher, als wir denken.

Was können wir von Elia lernen? Sicherlich vor allem und zuerst: Gott sucht besonders in schwierigen Zeiten Menschen, die sich berufen lassen. Auch heute besteht Gottes Gemeinde aus Menschen, die Gott für die Mitarbeit gewinnen will und die er begaben möchte.

Sie sind solch ein Mensch, mit Ihrer Geschichte und Ihrer Berufung. Vielleicht sind Sie noch gar nicht lange Christ, kommen aus keiner bedeutenden Familie, können keine besonderen Verdienste nachweisen, aber Gott beruft Sie und damit ändert sich alles. Für Sie und für Ihre Nachkommen!

Mein Großvater kam aus einfachen Verhältnissen. Er war eins von acht Kindern und war in Falkenberg zu Hause, einem kleinen

Ort in Oberschlesien. Als Einziger aus seiner Familie wurde er in jungen Jahren Christ. Er heiratete meine Großmutter, eine gläubige Frau, die mir in meiner Kindheit viele biblische Geschichten erzählte. Ihre fünf Kinder wurden allesamt Christen und gründeten ihre eigenen Familien. Die dritte Generation, also meine Geschwister, meine Cousins und Cousinen, wir gehen fast alle sehr bewusst unseren Weg mit Jesus, und einige von uns sind schon am Ziel angelangt. Viele unserer Kinder sind schon erwachsen und haben zum größten Teil auch ein Leben mit Gott gewählt.

Mein Großvater wollte vor allem eins: Jesus nachfolgen. Bis zu seinem Tod hat er eine kleine Gemeinde geleitet. Er war ein Mann, der Jesus lieb hatte und der sehr konsequent seinen Glauben gelebt hat. Er war ein Berufener.

Vor einiger Zeit bekam ich eine Audiokassette geschenkt, die Kopie einer Tonbandaufnahme aus den 50er Jahren. Es war der Mitschnitt einer kurzen Predigt, die mein Großvater einmal auf einer Gemeindekonferenz gehalten hatte. Es berührte mich tief, seine Stimme zu hören, und es trieb mir die Tränen in die Augen, als ich hörte, was er da sagte: Gedanken über Jesus und ein ernster Appell an die Gemeinde, die Beziehung zu Jesus nicht zu vernachlässigen. Gott hat seine Leute in jeder Generation. Mein Großvater war einer von ihnen.

Hören wir auf mit dem Klagen und Jammern. Gott sucht Menschen, die ihm in unseren Schulen und Büros, in den Kantinen und bei der Polizei, an der Uni und bei McDonald's dienen! Eine Zeit lang hatten wir in unseren Gottesdiensten eine ganze Reihe von Männern sitzen, die bei DaimlerChrysler in Bremen arbeiteten. Mehrmals in der Woche trafen sie sich zum Gebet in den Arbeitspausen. Und fünf von ihnen wurden in unserer Gemeinde getauft. Ähnliches ist von den Mitarbeitern und Kunden eines Fitness-Centers zu berichten: Der Chef und seine Frau wurden Christen, und andere sind den beiden gefolgt. Angefangen hatte das Ganze mit einem jungen Mann, der einfach das tat, was ein Berufener tut: Er redete von dem, der ihm alles bedeutet.

Wie leben wir unseren Glauben in unserer Welt? Was ist uns wirklich wichtig? Wie und wo investieren wir unsere Zeit? Welche

Kompromisse schließen wir am Hof Ahabs? Es ist verführerisch, sich dort gemütlich einzurichten und nicht aufzufallen.

Was können wir noch aus Elias Geschichte lernen? Einmal ist da die Art und Weise, wie Gott eingreift. Er tut es in der Regel überraschend und für uns nicht vorhersehbar. Elia ist plötzlich da, ohne Fürsprecher, ohne durch intelligente Diskussionsbeiträge auf sich aufmerksam gemacht zu haben. Ausreichend für sein vollmächtiges Auftreten war schlicht die Tatsache, dass Gott ihn erwählt hatte! So wie er Sie erwählt hat. Er will Sie an Ihren Platz stellen und hat einen Auftrag für Sie! Wenn wir mit Jesus unterwegs sind, stehen wir vor Gott. Sie stehen vor Gott, er hat Sie berufen. Unterschätzen Sie sich nicht! Und vor allem: Unterschätzen Sie Gott nicht!

Elia kam aus dem kleinen, unbekannten Tischbe in den Königspalast von Jerusalem, und am Schluss zitterte der ganze lausige Hofstaat vor diesem unscheinbaren Mann. David hütete die Schafe. Eine seltsame Ausbildung für einen künftigen König. Jahrelang war er auf der Flucht vor Saul, der ihn töten wollte. Die öffentliche Meinung gab keinen Pfifferling mehr auf sein Leben. Schlussendlich bestieg er den Thron und wurde der größte aller Könige in der Geschichte Israels. Rahab war eine Prostituierte, eine unbedeutende Frau mit einem fragwürdigen Beruf. In einer Nacht änderte sich alles für sie. Sie erkannte ihre Berufung, rettete Josua und Kaleb das Leben und taucht schlussendlich im Stammbaum Jesu auf. Maria, eine junge, unbekannte Frau aus einfacher Familie, war eine Berufene. Sie brachte Gott zur Welt. Sie wurde die bedeutendste Frau aller Zeiten. Nie wurde eine andere Frau auf dieser Welt mehr verehrt als sie.

Gott beruft. Wollen wir auf ihn hören? Jeden Tag müssen wir uns entscheiden, was wir aus unserem Leben machen, so oder so. Sie stehen vor Gott. Was ist, wenn Sie plötzlich seine Stimme hören: »Wen soll ich senden? Wer will unser Bote sein?«? Jesaja antwortete, nicht selbstsicher, nicht völlig überzeugt, sondern zutiefst verunsichert, aber doch voll Vertrauen: »Hier bin ich, sende mich.«

Kapitel 3

»Ich wünschte, ich hätte den Ring nie bekommen, ich wünschte, all das wäre nie passiert.« – »Das tun alle, die solche Zeiten erleben, aber es liegt nicht in ihrer Macht, das zu entscheiden. Du musst nur entscheiden, was du mit der Zeit anfangen willst, die dir gegeben ist.«

HERR DER RINGE – DIE GEFÄHRTEN

Denn dass ich das Evangelium predige, dessen darf ich mich nicht rühmen; denn ich muss es tun. Und wehe mir, wenn ich das Evangelium nicht predigte!

1. KORINTHER 9,16

Kämpfe den guten Kampf des Glaubens; ergreife das ewige Leben, wozu du berufen bist und bekannt hast das gute Bekenntnis vor vielen Zeugen.

1. TIMOTHEUS 6,12

Den Kampf aufnehmen – ein Held wider Willen

Während ich an diesem Kapitel schreibe, sitze ich in einem gemütlichen alten Café in Halmstad, einer kleinen Kreisstadt in Südschweden. Ich habe mir einen Kaffee bestellt und ein Stück Hefegebäck und genieße die besondere Atmosphäre. Am Nebentisch tauschen einige Hausfrauen ihre Termine aus, an einem anderen Tisch sitzt eine Schülerin und schreibt einen Brief.

Das gefällt mir: ungestört schreiben, die Zeit frei einteilen, meine Ruhe haben, wenn ich es will. Ich bin gerne hier in Schweden. Schon oft war ich hier. Immer sind wir mit dem eigenen Auto angereist, und noch nie habe ich hier im Stau gestanden. Im Inneren des Landes kann man viele Kilometer fahren, ohne einem anderen Auto zu begegnen. Wenn man während einer Wanderung einen anderen Menschen trifft, erschrickt man fast. Es liegt kein Müll herum, die Luft ist klar und das Land weit. Wohl haben uns spätestens die Krimis von Henning Mankell um seinen Kommissar Wallander die Illusion genommen, Schweden sei ein heiles Land, aber ein wenig ruhiger und gelassener als bei uns geht es hier schon zu.

Übermorgen werde ich wieder in Deutschland sein. Ich werde am Sonntag in zwei Gottesdiensten predigen. Das ist nichts Besonderes, das ist mein Beruf. Aber auch nach fünfundzwanzig Jahren hat sich die Aufregung vor einem solchen Dienst nicht gelegt. Es packt mich immer noch. Eigentlich ist das, was ich mache, eine Nummer zu groß für mich. Wer bin ich, dass ich Sonntag für Sonntag, über eine so lange Zeit schon, die Bibel auslegen darf und so vielen Menschen die gute Nachricht weitersagen kann? Das ist Lust und Last zugleich, eine hohe Berufung und eine große Verantwortung – ein Feuer, das wärmt und verzehrt.

Kennen Sie die Romane von J. R. R. Tolkien, die Geschichten aus Mittelerde, den »Herrn der Ringe«? Unglaublich eindrucksvoll beschreibt Tolkien den Kampf der geknechteten und bedrohten Völker gegen die Macht des Bösen, den heldenhaften Kampf der Könige, den Widerstand der Guten gegen die alles vernichtende Kraft der dämonischen Herrscher. Doch das Schicksal von Mittelerde wird am Ende nicht durch die verbündeten Truppen unter König Aragon entschieden. Nicht Heer und Macht besiegen den Feind, sondern zwei kleine Männer, so genannte Hobbits, Halblinge, die ihre Berufung leben.

Besonders eindrücklich ist die Schlussszene im ersten Teil der Trilogie vom »Herrn der Ringe«: Ganz allein steht er da am Wasser des Grenzflusses und schaut hinüber in das Land des bösen Fürsten Sauron. Dort muss er hingehen, um das Böse zu besiegen. Die Gefährten haben ihn verlassen. Vor ihm liegt ein langer Weg, schaurige Tage und grausige Nächte, ein Kampf, der ihm alles abverlangen wird. Nur von einem einzigen Freund begleitet muss er weitergehen, die Aufgabe erfüllen und seinen Platz in der Geschichte einnehmen. Es ist seine Entscheidung, seine Berufung, seine Bestimmung. Er ist klein, schwach, von unbedeutender Herkunft. Und doch spielt er eine gewichtige Rolle in dieser Geschichte. Kein anderer kann seine Aufgabe übernehmen.

Es ist Frodo, der kleine Hobbit aus dem Auenland, der berufen ist und keine Ahnung hat, was ihn erwartet. Er will diese Berufung nicht, und doch weiß er, dass er seine Aufgabe erfüllen muss. Wie oft wird er sich auf seinem Weg an seine Heimat erinnern, schmerzlich die Sonne, das grüne Gras, das kühle Bier und ein gutes Kraut in der Pfeife vermissen. Als er dort am Fluss das Kanu besteigt, sieht man die Tränen auf seinem Gesicht, aber auch den Zug fester Entschlossenheit. Er entscheidet sich, den Weg zu gehen.

So manches Mal ist es mir schon wie Frodo ergangen. Da denke ich: Ich will das alles gar nicht! Ich will nicht meine Zeit und mein Geld einsetzen und immer wieder für die Gemeinde da sein. An dieser großen Aufgabe »Mission« beteiligt sein, mir Gedanken machen müssen über »verlorene Menschen«. Ich will das nicht! Die Aufregung vor der nächsten Predigt, die Teilnahme an endlosen Sitzungen, die Beratung über den neuen Gemeindeetat. Ich will die Verantwortung nicht, die dauernden Ansprüche, den ständigen Kampf.

Ich will nicht mehr kämpfen. Ich will meine Ruhe haben, will Geld verdienen, das Leben genießen und am Sonntag endlich einmal ausschlafen. Ich bete und versuche es einfach mal, ohne es wirklich ernst zu meinen: »Warum, lieber Herr, warum um alles in der Welt habe ich dir versprochen, treu zu bleiben und deine Gebote zu halten?« Doch im selben Moment weiß ich: Alles will ich, nur das Eine nicht: Ich will nicht ohne ihn leben. Jesus ist mein Herr, die Liebe meines Lebens, mein König. Sein Kampf ist mein Kampf. Er gab sein Leben für mein Leben. Ich gehöre ihm.

Ja, hin und wieder durchzieht mich dieser Gedanke: Ich will das alles nicht! Manchmal würde ich am liebsten alles hinschmeißen. Und doch weiß ich: Es geht nicht anders. Ich habe einen Auftrag auszuführen, einen Kampf zu bestehen, eine Schlacht zu schlagen. Ich bin teuer erkauft!

Der Sohn Gottes hat mit seinem Blut für mich bezahlt. Ich will ihm treu sein und beenden, was ich angefangen habe. Dabei beginne ich auch zu ahnen, dass er es ist, der mich hält, dass er – nicht ich – dieses Werk begonnen hat und dass er es auch beenden wird. Er mutet mir diesen Kampf zu. Es geht mir wie Paulus, der in einem seiner Briefe schreibt:

»Denn dass ich das Evangelium predige, dessen darf ich mich nicht rühmen; denn ich muss es tun. Und wehe mir, wenn ich das Evangelium nicht predigte!« *(1. Korinther 9,16)*

Es geht mir wie Jeremia, der Gott sein Leid klagt:

»Herr, du hast mich überredet, und ich habe mich überreden lassen! Du bist stärker als ich und hast den Kampf gewonnen ... dein Wort brennt in meinem Herzen wie ein Feuer ... Ich habe versucht es zurückzuhalten, aber ich kann es nicht!« *(Jeremia 20,7-9)*

Es gibt kaum eine tragischere Gestalt im Alten Testament als Jeremia. Ein ganzes Leben lang predigte er und forderte sein Volk angesichts drohenden Unheils zur Umkehr auf. Doch nichts passierte! Keine Veränderung, keine Erweckung. Statt auf ihn zu hören, verhaftete man ihn mehrfach. Nach einer besonders eindeutigen Predigt ließ ihn der oberste Priester Paschhur schlagen und in den Block schließen. Und es ging noch weiter. Die Fürsten ärgerten sich so sehr über Jeremia, dass sie ihn foltern ließen und ins Gefängnis warfen. Lange Zeit saß er in einem Gewölbe. Schließlich ließ der König ihn in eine Zisterne werfen. Dort versank Jeremia fast im Schlamm. Von ihm stammen Worte der Verzweiflung, wie sie selbst Hiob nicht gefunden hat:

»Weh mir, meine Mutter, dass du mich geboren hast, gegen den jedermann hadert und streitet im ganzen Lande! Hab ich doch weder auf Wucherzinsen ausgeliehen, noch hat man mir geliehen, und doch flucht mir jedermann.« *(Jeremia 15,10)*

Wer seinem König dienen will und den Kampf aufnimmt, wer Gott und seine Menschen liebt, der steckt mitten drin, ja manchmal steckt er bis zum Hals im Schlamm, wie Jeremia in der Zisterne. Wir werden müde, wir zweifeln, wir hadern, aber Gott lässt uns nicht los. Er macht uns keine Vorwürfe, sondern schenkt uns neue Kraft, motiviert uns, erfüllt uns – und entlässt uns nicht.

Vielleicht fragen Sie: »Wie kann ein Mann oder eine Frau Gottes so verzweifelt sein?« Das scheint unvereinbar mit den Zusagen von der Liebe und Fürsorge Gottes. Doch wer so fragt, der hat keine wirkliche Ahnung von dem Kampf für Gott, der hat noch

nie auf dem Schlachtfeld gestanden und die ganze Wucht wider-
göttlicher Kräfte verspürt. Wir sind Menschen aus Fleisch und
Blut und leben in einer gefallenen Welt. Wir haben Träume und
Bedürfnisse und erleben Anfechtungen und dunkle Stunden.
Manchmal sind wir mutig. Dann versprechen wir Gott alles, wir
widerstehen den Versuchungen und erleben herrliche Siege. Doch
es gibt auch Zeiten, in denen uns die Situation überwältigt. Wir
zittern, weinen, haben Angst und fühlen uns außerstande, weiter-
zukämpfen. Und dennoch machen wir weiter, denn wir spüren
Gottes Hand auf uns.

Francis Schaeffer schreibt: »Das Christentum ist keine moderne
Erfolgsgeschichte. Die christliche Botschaft muss den Menschen
mit Liebe und Tränen unverfälscht gesagt werden, muss kompromisslos gepredigt werden, ohne Rücksicht auf weltliche Vorstellungen von Erfolg ..., selbst wenn es nur Enttäuschungen gäbe,
würde für uns immer noch gelten, was Gott Jeremia sagte: ›Mach
weiter und predige, predige die Wahrheit der Offenbarung Gottes, was es auch kosten mag; mach weiter!‹«[7] Mir scheint, Jesus
will uns, seinen Kindern, das neu bewusst machen, gerade in dieser Zeit und in diesem Land.

Zugegeben, an guten Tagen ist mir der Gedanke an Abenteuer
und Kämpfe gar nicht so unangenehm! Ich habe mich ja bereits
als hoffnungsloser Romantiker offenbart. Ich wollte immer ein
Held sein. Alle Bücher von Karl May habe ich gelesen. Ich habe
die Geschichten von Prinz Eisenherz verschlungen. Aus allen
Wunden blutend, allein auf dem Schlachtfeld nach dem Kampf
gegen die Hunnen – so wollte ich sein. Eine Schlacht gewinnen,
Aleta, die Prinzessin der Nebelinsel, erobern.

John Eldredge hat schon Recht, wenn er das als Traum eines
jeden Mannes beschreibt. »Es gibt drei Wünsche, die ich in meinem Herzen so tief eingeprägt finde, dass ich inzwischen weiß: Ich
kann sie nicht länger leugnen, ohne meine Seele zu verlieren ... Sie
sind im Herzen jeden Mannes vorhanden: eine brennende Sehn-

---

[7] Francis A. Schaeffer: Tod in der Stadt. Brockhaus Verlag, Wuppertal 1973

sucht danach, einen Kampf zu bestehen, ein Abenteuer zu erleben und eine Prinzessin zu retten.«[8]

Ich wollte immer ein Held sein! Aber ich bin keiner! Ich gehe ungern allein durch den dunklen Wald. Ich mag es gar nicht, wenn ein unbekannter Hund auf mich zukommt. Da wechsele ich lieber die Straßenseite. Oft geht es mir wie Frodo – die herbeigesehnten Abenteuer will ich eigentlich gar nicht! Ich will im Auenland sitzen, meine Pfeife rauchen und mein Leben genießen. Und damit bin ich in guter Gesellschaft. In der Regel halten wir uns das Unangenehme gerne vom Leib. Unsere Abenteuerlust wird auf der Großleinwand im Kino gestillt. Abenteuer erlebt eine nachrückende Generation in einer virtuellen »Wirklichkeit« in Form von Shooter-Spielen am PC. Alles bequem und sicher.

Wirklicher Kampf, Verzicht, einen Auftrag erfüllen, der alles kostet – wenn ich nur ein wenig länger darüber nachdenke, lässt die Begeisterung rasch und deutlich nach. So etwas passt nicht so recht in unsere Zeit. Es passt nicht in unsere Vorstellung von einem angenehmen Leben, von Rundum-Versorgung und Sicherheit! Gern nehmen wir Gottes Fürsorge in Anspruch und vergessen dabei seinen Anspruch an uns. Gottes Hilfe? Ja gerne, jederzeit. Seine Herrschaft über mein Leben? Nur unter bestimmten Bedingungen bitte, am liebsten in zumutbaren Portionen. Wer hat es treffender ausgedrückt als Wilbur Rees: »Ich hätte gerne für drei Dollar Gott. Bitte nicht so viel, dass er meine Seele angreift oder meinen Schlaf stört, aber gerade so viel, wie es einer Tasse warmer Milch oder einem Nickerchen in der Sonne gleichkommt. Ich möchte nicht so viel von ihm, dass ich einen Schwarzen lieben oder mit einem Auswanderer Rüben ernten muss. Ich möchte Begeisterung, nicht Änderung. Ich möchte die Wärme des Mutterleibes, nicht die Wiedergeburt. Ich möchte ein Pfund Ewigkeit in einer Papiertüte. Ich hätte gerne für drei Dollar Gott, bitte.«

So geht es nicht. Wenn wir Christen sind, Söhne und Töchter des großen Gottes, dann sind wir berufen, berufen zum Kampf. Und dieser Kampf ist die tägliche Herausforderung meiner ganz

---

[8] John Eldredge: Der ungezähmte Mann. Brunnen Verlag, Gießen 2003

persönlichen Nachfolge. Ein heiliges Leben kennt keine Abkürzungen, keine Erleichterungen. Die Liebe zu unserem Herrn ist immer auch die Liebe zu seinem Wort. Ihm glauben, ihm aufs Wort glauben bedeutet, jeden Tag Entscheidungen zu treffen, die uns immer wieder schwer fallen. Der Kampf findet oft im Verborgenen statt, spätabends vor dem Computer, wenn die Möglichkeiten des World Wide Webs uns zu scheinbaren Abenteuern vor dem Flachbildschirm einladen. Er findet am Tage statt, wenn unsere Liebe zu Jesus in unserem Verhalten anderen Menschen gegenüber geprüft wird. Er findet zu Hause und er findet in der Gemeinde statt. Wie sehr bemühe ich mich wirklich um den Frieden in seiner Kirche? Stehe ich aktiv für die Liebe Gottes ein, an der wir erkannt werden? Paulus schreibt an Timotheus:

»Kämpfe den guten Kampf des Glaubens; ergreife das ewige Leben, wozu du berufen bist und bekannt hast das gute Bekenntnis vor vielen Zeugen.« *(1. Timotheus 6,12)*

Kämpfen, am Ball bleiben, sich mit zunehmendem Alter und scheinbarer Abgeklärtheit nicht resigniert zurückziehen, auch das gehört zu unserer Nachfolge. Wir beobachten heute einen Rückzug ins Private, der mir Sorge bereitet. Der Ruhestand ist nach Jahrzehnten der Berufstätigkeit sicherlich ein wohlverdienter und notwendiger Lebensabschnitt. Beim besten Willen sehe ich aber keine Pensionierungsgrenze, wenn es um unsere aktive Beteiligung am Bau des Reiches Gottes geht. Wohl ändern sich die Möglichkeiten unserer Mitarbeit. Zu jeder Zeit, für jede Phase unseres Lebens hat Gott einen Platz für uns, eine Aufgabe, die niemand besser erfüllen kann als wir. Es ist wichtig, diesen Platz zu entdecken. Zu Vätern und Müttern in Christus werden wir nicht, wenn wir zu Gästen in der Gemeinde werden. Die folgenden Generationen brauchen den Zuspruch, das Gebet der älteren Menschen. Sie brauchen das gemeinsame Leben mit ihnen, und sie brauchen vor allem ihr Vorbild.

Ich traf vor einiger Zeit einen alten Freund. Er ist fünfundsiebzig und noch richtig gut in Form. In seinen Ferien fährt er immer weit weg. Zuletzt war er mit seiner Frau in Kasachstan zu einem missionarischen Einsatz mit »Operation Mobilisation«. Sie haben

in einer kleinen Stadt ein heruntergekommenes Mietshaus renoviert, ein riesiges Loch in der Straße mit Sand ausgefüllt und die
Menschen zum Essen eingeladen. In dem Ort erstrahlte etwas
vom Glanz der Herrlichkeit Gottes. Wie gesagt, mein Freund ist
fünfundsiebzig! Im nächsten Jahr hat er wieder so etwas vor. Ich
habe ihn gefragt, wie er das in seinem Alter verkraftet, und er hat
geantwortet:»Lieber in der Ferne im Dienst für den Herrn sterben
als zu Hause im Bett.«

Herrlich, es gibt sie also doch, die Helden! Wenn ich die Bibel
aufmerksam lese, dann ist sie voller Schilderungen über den
Kampf, den wir führen müssen. Das Alte Testament ist voll davon.
Und das Neue ist auch keine Aufforderung zu einem Leben auf
dem Sofa.

Ich möchte Sie in einen solchen Kampf mit hineinnehmen, in
eine Geschichte aus dem Alten Testament. Es ist die Zeit ständiger
Kriege zwischen Israel und den Nachbarvölkern. Vor allem mit
den Philistern gerieten die Israeliten immer wieder aneinander,
mit wechselndem Kriegsglück. Wieder einmal ging es in die
Schlacht. Der König von Israel, Saul, traf mit seinen Heerführern
und Soldaten bei Socho in Juda auf die Truppen der Philister.
Unter seinen Soldaten waren auch die Söhne eines Bauern, Isai,
aus Bethlehem. Bis auf den jüngsten waren alle seine Söhne dabei.

Der Jüngste, David, musste zu Hause bleiben und die Schafe
hüten. Doch eines Tages forderte sein Vater ihn auf, seine drei
älteren Brüder im Heerlager zu besuchen, um ihnen Essen zu
bringen. Das war eine aufregende Sache. David sah zum ersten
Mal, wie die Truppen standen, und bekam einen Einblick in die
aktuelle Bedrohung.

David schaute sich alles an, und schließlich sah er auch die
»Geheimwaffe« der Philister, die allen Soldaten des israelitischen
Heeres große Angst einjagte: der riesenhafte Philister Goliath.
Der hatte die Armee Israels zu einem Zweikampf herausgefordert:
Würde ein einzelner Soldat es wagen, gegen Goliath anzutreten,
und ihn besiegen, so würden sich die Philister geschlagen geben.
Doch würde Goliath siegen, so musste sich das Heer Sauls wider-
standslos gefangen nehmen lassen.

Die jüdischen Soldaten hatten Angst. Keiner wagte, gegen Goliath anzutreten. Und doch war kein anderer Ausweg in Sicht. David hätte sich schleunigst wieder verdrücken können – zurück auf die grüne Wiese, den Grashalm im Mund und die Sonne im Gesicht. Kein Mensch erwartete von ihm eine Beteiligung an der Schlacht. Er war jung, niemand nahm ihn ernst. Aber dieser Tag würde alles verändern. David wählte den schwereren Weg: Er wählte den Kampf.

Charles Swindoll kommentiert den entscheidenden Augenblick im Leben dieses jungen Mannes so: »Die Sonne ging an diesem Morgen auf wie an jedem anderen Morgen, für beide, für David und Goliath. So ist das oft in unserem Leben. Keine Warnung. Doch in Wahrheit ist das der letzte Tag im Leben des Goliath und der erste Tag im Leben des Helden David.«[9]

Gott nahm diesen jungen Mann ernst. Auf eine geheimnisvolle Weise bestätigte sich jetzt Davids Berufung, die einige Zeit zuvor ausgesprochen worden war. David hatte einen Auftrag. Er stellte sich der Situation, und es ist faszinierend zu lesen, wie er die Sache anging:

»David fragte einige Soldaten: ›Welche Belohnung soll der Mann erhalten, der diesen Philister da erschlägt und die Schande von unserem Volk abwendet? Wir können doch nicht dulden, dass dieser unbeschnittene Philister sich über das Heer des lebendigen Gottes lustig macht.‹ Als die Soldaten bemerkten, worauf David hinauswollte, meldete es jemand dem König. Der ließ ihn sofort zu sich rufen. ›Mein König‹, sagte David zu Saul, ›von diesem Kerl müssen wir uns nicht einschüchtern lassen! Ich will den Kampf mit ihm aufnehmen.‹« *(1. Samuel 17,26.31)*

Die wohl beeindruckendste Schlacht, von der das Alte Testament berichtet, fand nicht zwischen zwei Armeen statt, sondern zwischen zwei Menschen. Es war der Kampf im Eichengrund zwischen David und Goliath. Dies ist eine der ganz wichtigen Geschichten der Bibel. Sie verdeutlicht eine unumstößliche, geistliche

---

[9] Charles R. Swindoll: David – Ein Mensch nach dem Herzen Gottes. Hänssler Verlag, Holzgerlingen 2000

Wahrheit, mit der wir uns auseinander setzen müssen: Wir sind aufgefordert, etwas zu tun.

Das Leben als Kind Gottes ist immer auch ein Kampf. Wir sind gefordert! Riesen stellen sich uns in den Weg. Sie bedrohen unser Leben und unsere Berufung. Angst, Sorge, Bitterkeit, erfahrenes Unrecht, Krankheit, Kündigung, Verleumdung, aber auch Aufgaben, Verantwortung, Ansprüche und Erwartungen – Furcht erregende Riesen, gegen die wir scheinbar machtlos sind.

Schauen wir uns David und Goliath ein wenig näher an. Da war der Champion, Goliath, eine wandelnde Kampfmaschine. Drei Meter groß! Jede Basketballmannschaft hätte ihn mit Handkuss in ihr Team aufgenommen. Gegen ihn wirkt Arnold Schwarzenegger wie ein österreichischer Gartenzwerg! Ich bin ja nicht gerade klein, ein Meter und zweiundachtzig! Ich habe mal zwischen den Mitgliedern einer Basketballmannschaft gestanden. Es hat meinem Selbstbewusstsein deutlich geschadet. Nie wieder werde ich behaupten, ich sei groß!

Goliaths gesamte Ausrüstung wog um die hundert Kilogramm. Allein die Spitze seines Speers war ganze sieben Kilogramm schwer. Vor ihm her marschierte sein Schildträger mit einem mannshohen Schutzschild. Goliath war ein Panzer, der Terminator, ein fürchterlicher Gegner! Alle, die Sie früher Ivanhoe oder Richard Löwenherz sein wollten, bemühen Sie Ihre Fantasie: Stellen Sie sich vor, man drückt Ihnen ein Schwert in die Hand und sagt: »Kämpf gegen ihn!« Da steht er vor Ihnen: drei Meter groß, hundert Kilogramm Ausrüstung, ein mannshoher Schutzschild!

Das ist Selbstmord! Gegen Goliath hatte keiner der Soldaten Israels den Hauch einer Chance! Und der Kerl wusste das auch. Er machte sich über das Heer des Gegners lustig und schrie:

»Los, wählt euch euren besten Mann aus, und schickt ihn herunter zu mir. Wenn er mich töten kann, dann werden wir eure Sklaven sein. Aber wenn ich ihn erschlage, dann sollt ihr uns als Sklaven dienen.« *(1. Samuel 17,8-9)*

Ein Riese, eine tödliche, alles verschlingende Bedrohung! Von Angst gelähmt verharrten die Soldaten des stolzen Israel in ihren Stellungen, während dieser Kerl aus dem Philisterland sie verhöhnte. Die Situation wurde unerträglich, doch keiner rührte sich! Wissen Sie, wie lange das schon so ging, bevor David eintraf? Fast sechs Wochen! Jeden Tag zweimal, am Morgen und am Abend, verhöhnte Goliath die jüdischen Truppen, und die zitterten um ihr Leben!

Das Leben könnte ja so angenehm sein ohne diesen Goliath. Picknick im Tal der Eichen, die Sonne im Gesicht, den Cappuccino neben sich – eigentlich sind wir doch für den Urlaub geschaffen. Wie es die Werbung eines Reiseunternehmens so treffend beschreibt: »Sie haben es sich verdient!«

Auch das Leben als Christ haben wir uns vielleicht anders vorgestellt: Gott sorgt für uns, hält Leid und Ungemach fern, schenkt uns Gesundheit und ein gutes Einkommen. Irgendwie teilen viele von uns die heimliche Überzeugung: Das ist er uns schließlich schuldig. Wenn wir ihm schon unser Leben geben, dann sollte er gefälligst dafür sorgen, dass es glatt und gut läuft. Aber wir werden nicht aufgefordert, Urlaub zu machen. Wir bekommen nicht die Verheißung, dass immer alles gut gehen wird. Im Gegenteil, für unseren Geschmack redet Jesus viel zu oft von der Nachfolge als einem Kampf. Er spricht von einem Kreuz, das wir auf uns nehmen sollen, spricht von Verfolgung, Verleumdung und Entbehrung, die seine Jünger erwarten.

Ich habe noch nie verstehen können, wie lautstark und hemdsärmelig ein Wohlstandsevangelium verkündigt werden kann, wenn man um das wahre Wesen christlicher Nachfolge weiß. Beim besten Willen finde ich kein Beispiel im Neuen Testament, das den Schluss zulässt, unser Leben mit Christus wäre ein Leben ohne Kampf, ein immer während er Urlaub, durch Gottes Güte versichert gegen alle Widrigkeiten. Stattdessen finde ich überall in der Bibel Hinweise auf angefochtene, umkämpfte Nachfolge. Ständig sehe ich Jesus in der Auseinandersetzung mit dämonischen Mächten. Immer wieder muss er um sein Leben bangen und ganz schnell einen Ort verlassen, weil seine Feinde ihn töten wollen. Ich lese von den Aposteln und sehe Paulus und Silas im Gefängnis, nachdem sie gefoltert wurden. Haben die vollmächtigen Apostel der ersten Stunde etwa zu wenig geglaubt oder den

Geist und den Sieg Jesu zu wenig für sich in Anspruch genommen?

Ich sehe die erste Gemeinde, deren Pastor vom jüdischen König umgebracht wird. Ich sehe die Geschichte der Gemeinde durch die Jahrhunderte, eine Geschichte, die für die bekennende Kirche immer ein Kampf auf Leben und Tod war, bis in die heutige Zeit. Ich verstehe nicht, warum heute Christen in den reichen Ländern des Westens versprochen wird, dass Gott jede Krankheit heilen will und glaubensvolles Gebet für beruflichen und privaten Erfolg sorgt, wenn gleichzeitig in einem christlichen Nachrichtendienst der Gefangene des Monats vorgestellt wird: Ein Ältester einer Gemeinde in China, der nach fünfundzwanzig Jahren Haft nun endlich entlassen werden soll. Sein Vergehen: Er hatte Jesus einst die Treue geschworen und gehalten. Noch immer bedeutet es in sehr vielen Ländern dieser Welt akute Lebensgefahr, wenn man sich eindeutig auf die Seite Jesu stellt.

Hatte dieser Mann keinen Glauben? Hatten die Mitglieder seiner Gemeinde keinen Glauben? Haben sie nicht mit Vollmacht für ihn gebetet? Haben die verfolgten Christen im Sudan keinen Glauben? Hört Gott die Gebete seiner bedrängten Kinder im Irak nicht? Haben die Christen in Nordsumatra nicht vertraut, als islamische Fundamentalisten ihre Kirche ansteckten?

Nachfolge ist immer auch Auseinandersetzung. Ist sie es nicht mehr, dann stimmt etwas nicht. Ganz bestimmt sehne ich mich nicht nach notvollen Zeiten, im Gegenteil. Sie wissen, das Auenland, die grüne Wiese, die Pfeife ... Aber der Kampf gehört einfach dazu, und Gott nutzt ihn, um uns und andere dadurch dem Ziel näher zu bringen. Jesus ist da, und er will partout, dass ich kämpfe! Wie sonst muss ich seine Worte verstehen?

»Gehet hin in alle Welt und verkündigt die Gute Nachricht allen Menschen.« *(Matthäus 28,19)*

»Wenn einer dir dein Hemd nehmen will, so gib ihm auch noch den Mantel.« *(Matthäus 5,40)*

»Brich dem Hungrigen dein Brot.« *(Jesaja 58,7)*

»Wer allen anderen dient, wird der Größte unter euch sein.« *(Matthäus 23,11)*

»Widersteht dem Teufel, so flieht er von euch!« *(Jakobus 4,7)*

Das Leben könnte ja so angenehm sein ohne Kampf, aber das ist nicht unsere Bestimmung! Es entspricht auch nicht unserer Erfahrung! Jesus will es anders. Ihm nachzufolgen, bedeutet immer auch kämpfen, bedeutet gegen alle Widerstände und Versuchungen seinen Willen zu leben. Er fordert von mir immer wieder die Entscheidung, mich eindeutig auf seine Seite zu schlagen und nach seinen Geboten zu leben.

Zurück zu unserer Geschichte, zurück zu den Truppen der Israeliten und Philister. Die Lage drängte nach einer Lösung. Sechs Wochen Warten, sechs Wochen Verhöhnung, sechs Wochen gelähmt vor Furcht – das war schon viel zu lang. Es war Zeit für den Showdown! Zwölf Uhr mittags! Auf der einen Seite Goliath, der haushohe Favorit, der Champion! Und dort David, der Herausforderer. Er hatte einen Traumjob: Er hütete die Schafe seines Vaters. Er war ein mutiger, junger Mann, der schon mit Löwen und Bären gekämpft hatte. Seine Welt waren die Weiten des jüdischen Weidelandes. Er kannte jedes Schaf und schlief unter freiem Himmel. In seiner Freizeit übte er mit der Schleuder. In seiner Hand wurde die einfache Waffe zu einer tödlichen Bedrohung für jeden Feind.

Aber in der Armee konnten sie ihn, im Gegensatz zu seinen älteren Brüdern, noch nicht gebrauchen. Er war einfach zu jung und unerfahren. Er war jetzt nur im Lager, weil er seine Brüder mit Essen versorgen sollte, mehr nicht. Und dann sollte er so schnell wie möglich wieder nach Hause zurückkehren, um seinem Vater das Neueste zu berichten. David war nicht gekommen, um zu kämpfen. Er war der Pizzaservice!

Aber es kam alles ganz anders. Plötzlich sieht sich David diesem riesigen Feind gegenüber. Er hört den Hohn, den dieser seit Wochen auf das israelische Heer und seinen Gott ausschüttet, und ist empört. Und er spürt: Hier ist sein Einsatz gefordert. Und er verließ sich dabei nicht auf seine eigene Kraft, denn die war gering. Er verließ sich dabei ganz auf Gott.

Eigentlich hätte der König selbst kämpfen müssen! Die Verantwortlichen sollten in der ersten Reihe stehen. Saul war einst ein prächtiger König gewesen. Die Bibel berichtet uns, dass er ein Kopf größer war als alle Männer in Israel. Aber Saul hatte Angst und versprach demjenigen, der Goliath töten würde, seine Tochter zur Frau und die Befreiung seines Elternhauses von jeglicher Steuer! Ich weiß nicht, ob die Tochter von diesem Handel begeistert war, aber David erfuhr von den Soldaten sehr bald von dieser Belohnung. Und er hörte auch, dass niemand es wagte, gegen Goliath anzutreten. Das lag nicht an Sauls Tochter. Die war ausgesprochen schön. Doch so wie auch der König selbst fürchteten sich alle Soldaten, Goliath gegenüberzutreten. Stattdessen geriet das gesamte Heer beim Anblick Goliaths in Panik und ließ sich lieber verspotten, als sich in Gefahr zu begeben.

So wie dem Heer Israels geht es uns häufig auch. Wenn wir den »Riesen« in unserem Leben nicht in der Kraft Gottes entgegentreten, machen sie uns kaputt. Sie werden größer, als sie tatsächlich sind, sie terrorisieren uns, und schließlich sind wir nur noch ein Häufchen Elend.

In dieser Geschichte beobachten wir noch ein sehr interessantes Phänomen, das »Ältere-Brüder-Syndrom«. Als David in dieser verfahrenen Situation seine Hilfe anbot, gefiel das seinem Bruder überhaupt nicht. Stattdessen fuhr er David richtig an:

»›Was hast du überhaupt hier zu suchen?‹, fuhr er ihn an. ›Und wer hütet jetzt die Schafe und Ziegen in der Steppe? Ich weiß doch genau, wie hochnäsig und eingebildet du bist. Du bist nur zu uns gekommen, um dir die Schlacht anzusehen.‹« *(1. Samuel 17,28)*

Ist das nicht typisch? Wenn wir das eigene Versagen nicht wahrhaben wollen, werden wir zu Weltmeistern im Anklagen! Von den Brüdern hatte keiner den Mut, Goliath entgegenzutreten. Und die Wut über die eigene Schwäche ließen sie nun an David aus. Wissen Sie, was wirklich schlimm ist? David stellte sich dem Kampf und wurde dabei völlig allein gelassen. Die Brüder hatten keinen Mut und haben lieber gemeckert. Das ist doch recht erbärmlich und leider immer wieder anzutreffen. Auch in unseren Gemeinden ist das ein häufiges Phänomen. Oft verbringen wir den größten Teil unserer Zeit damit, interne Gemeindekämpfe zu führen, während der wirkliche Feind immer mehr an Raum gewinnt. Wie viele

Christen haben heute nichts Besseres zu tun, als die Gemeinde Jesu unter Beschuss zu nehmen. Und besonders häufig geraten die Christen ins Visier, die offensiv evangelistisch tätig sind. Währenddessen gewinnt der tatsächliche Feind eine Schlacht nach der anderen. Das ist das »Ältere-Brüder-Syndrom«.

Vor einiger Zeit gab es einen gemeinsamen Gottesdienst verschiedener christlicher Gruppen, zu dem die Deutsche Evangelische Allianz nach Hamburg eingeladen hatte. Ungefähr 1500 Leute aus den unterschiedlichsten Gemeinden waren anwesend. Viele christliche Werke waren vertreten. Wir sangen, feierten Gottesdienst, und die verschiedenen Gruppen stellten sich vor und tauschten Informationen aus. Vor der Halle standen die Mitglieder einer christlichen Gruppierung und demonstrierten lautstark, mit Transparenten und Traktaten, gegen die Allianzleute. Die ganze Zeit über hatten sie uns im Visier. In ihrem Rücken waren die Wohnblöcke von Hamburg Alsterdorf: Tausende Menschen, die ohne Jesus verloren gehen. Aber für die blieb keine Zeit, weil man so mit dem »jüngeren Bruder« beschäftigt war.

Wie viele fromme Kreise in unserem Land definieren sich hauptsächlich über ein deutliches »Wir sind dagegen!«. Auf der Mikroebene wird der Leib Christi seziert und ständig auf seine Rechtgläubigkeit geprüft. Wer hat da noch Zeit für die Menschen, die ohne Christus verloren gehen? Als selbst ernannte Hüter der wahren Frömmigkeit ziehen sie gegen Menschen zu Felde, die Jesus leidenschaftlich lieben und nur das Eine wollen: ihrem Herrn dienen.

Man muss sich fragen, wie viel Kraft uns diese Kämpfe in all den Jahren gekostet haben. Wie viel Energie war und ist nötig, um in umfangreichen Dokumentationen immer wieder aufzuzeigen, wie sehr die reine Lehre gefährdet ist? Wie viele Konferenzen nahmen und nehmen den »jüngeren Bruder« ins Visier und sprechen ihm die Ernsthaftigkeit oder sogar den Glauben ab? Währenddessen nimmt der Einfluss der Gemeinde Jesu in unserem Land immer weiter ab.

Viele unserer Zeitgenossen kennen Jesus nicht, weil sie nie etwas von ihm gehört haben. Der Feind triumphiert, weil eine uralte

Strategie gerade unter den Frommen so häufig angewandt wird: *Divide et impera*, teile und herrsche. Die wenigen Christen in unserem Land verteilen sich auf immer mehr und immer kleinere Gruppen. Die Atomisierung des Reiches Gottes lässt uns den Blick für das Wesentliche verlieren, und es fehlen Kraft und Mut, diesem Problem ehrlich entgegenzutreten.

Es ist das »Ältere-Brüder-Syndrom«, das wir auch im Neuen Testament, in der Geschichte vom verlorenen Sohn, wiederfinden. Der ältere Bruder hatte sich immer ordentlich benommen und kam überhaupt nicht damit klar, dass sich der Vater über die Rückkehr des jüngeren Sohnes so sehr freute. »Und ich?«, so klagt er, »wer freut sich über mich? Wer bereitet mir ein Fest?«

Ulrich Parzany beurteilte die Lage in einem Vortrag so: »Das Problem der Gemeinde Jesu in unseren Tagen ist nicht so sehr der Sohn, der davongelaufen ist, sondern der Sohn, der daheim geblieben ist.« Der ältere Bruder ist blind geworden für die Gnade Gottes. Neidisches Denken machte seine Seele hässlich. Es ist bezeichnenderweise David, der betet:

»Durchforsche mich, o Gott, und sieh mir ins Herz, prüfe meine Gedanken und Gefühle!« *(Psalm 139,23)*

Auch ich selbst ertappe mich immer wieder bei der Anklage gegen Glaubensgeschwister. Ich bin oft hilflos und kann dann nur beten: »Durchforsche mich, o Gott! Prüfe meine Gedanken und Gefühle!«

Saul, der König, der selbst nicht die Initiative ergreifen mochte, hörte von David und ließ ihn sofort zu sich kommen. Als David vor ihm stand, bestätigten sich die Gerüchte: Der junge Mann aus Bethlehem, unerfahren aber mutig, bat den König um seinen Einsatz.

David war ein Mann nach dem Herzen Gottes. Für ihn gab es nur einen wirklich Großen, nur einen Riesen in seinem Leben: den lebendigen Gott! Als Saul von Davids Ansinnen überhaupt nichts wissen wollte, zählte David auf, wie oft er mit der Hilfe Gottes schon über seine Feinde gesiegt hatte. Er erinnerte sich und zog daraus den Schluss:

»Der Herr, der mich aus den Klauen von Löwen und Bären

gerettet hat, der wird mich auch vor diesem Philister beschützen.«
(1. Samuel 17,37)

Bei mir läuft das leider oft anders. Wenn ich von »Riesen« bedroht werde, vergesse ich häufig, was ich bereits mit Gott erlebt habe. Ich denke an die Niederlagen und vergesse die Siege. Ich nehme leicht das Schlimmste an. Das hängt auch ein wenig mit einem verkehrten Gottesbild zusammen, mit dem ich immer wieder zu kämpfen habe.

1974, drei Monate nach unserer Hochzeit, zog ich zum Theologiestudium mit meiner Frau Esther nach Basel. In einer kleinen Wohnung, achtundvierzig Quadratmeter groß, fanden wir unser Zuhause. Wir wohnten unter dem Dach, das Bad war eine Treppe tiefer, die Dusche im Keller. Unsere ersten beiden Kinder wurden dort geboren. Wir waren beschäftigt, glücklich und mit wenig zufrieden.

Trotzdem fiel es mir oft schwer, das Gute anzunehmen und mit Gottes Hilfe und Vergebung wirklich zu rechnen. Ich habe eher unbewusst einen Zusammenhang zwischen meinem Wohlverhalten und meinem Wohlergehen hergestellt. Eines der ersten Kinderlieder, das ich gelernt habe, war: »Pass auf, kleines Auge, was du siehst. Pass auf, kleiner Mund, was du sprichst. Denn der Vater im Himmel schaut herab auf dich. Drum pass auf, kleines Auge, was du siehst.«

Gott war immer bei mir, daran habe ich nie gezweifelt. Aber er war ein beobachtender und strafender Gott. Vor allem so hatte ich ihn in meiner Kindheit kennen gelernt. Nicht die Erinnerungen an Kampf und Sieg mit ihm kennzeichnen meine frühen Jahre. Es sind mehr die Erinnerungen an Schuld und Peinlichkeit, an Angst vor Strafe und bitteren Bekenntnissen.

Es hat eine lange Zeit gedauert, bis ich ein wenig begriffen habe, was Gnade ist. Dreißig Jahre brauchte es, bis mir klar war, dass mein Umgang mit Schuld überhaupt nicht dem Vorbild Jesu entsprach. Die Entdeckung der Gnade Gottes hat mein Leben verändert. Sie hat mich zu einem anderen Menschen gemacht. Gnade ist etwas Herrliches! Ich kann dieses Geschenk Gottes kaum angemessen beschreiben, aber ich möchte es doch mit einer kleinen

Geschichte versuchen. Sie zeigt mir, wie ganz anders man mit Schuld umgehen kann und was Gnade bedeutet.

Ein berühmter englischer Maler des vorigen Jahrhunderts war zu Gast bei seiner Tochter. Als sich sein Enkelkind bei Tisch ungezogen benahm, musste es zur Strafe in der Ecke stehen. Dort musste die Kleine immer stehen, wenn sie etwas angestellt hatte. Sie tat dem Opa so Leid, dass er am nächsten Tag mit seinen Pinseln und Farben kam und an die Wand in der Ecke einige lustige Bilder malte: Goldfische, Vögel, Schafe auf der Weide und anderes mehr. Er dachte: »Wenn sie schon in der Ecke stehen muss, dann soll sie wenigstens Freude an den Bildern haben.«[10]

So wie der Maler in dieser Geschichte ist auch unser Herr. Natürlich kann er unsere falschen Wege nicht gutheißen. Sünde ist Sünde. Aber niemals wendet er sich von uns ab, und noch in der Ferne begegnet uns seine Gnade. Wie oft hat Gott mich von falschen Wegen zurückgeholt, ist mir nachgegangen in Situationen, in denen ich offensichtlich ungehorsam war. Beschämt hat mich nie die Art und Weise, wie er mir Sünde offenbart hat. Beschämt hat mich immer nur seine Gnade.

David hatte Gott erlebt und daraus den einzig richtigen Schluss gezogen: Mit diesem Gott an meiner Seite kann mir nichts passieren! Wir sehr wünsche ich mir solch eine Einstellung.

Wir kommen nun zum Höhepunkt der Geschichte. David wagt den Kampf in der Gewissheit, dass es Gottes Kampf ist und dass der Herr mit ihm ist. Dabei wird eindrucksvoll demonstriert, was Gott selbst an anderer Stelle so ausdrückt:

»Es soll nicht durch Heer oder Kraft, sondern durch meinen Geist geschehen.« *(Sacharja 4,6)*

Eins steht fest: Als Kinder Gottes sind wir auf der Seite des Siegers! Wenn Sie vor einem Kampf in Ihrem Leben stehen, vor einer großen Herausforderung, vor Unmöglichkeiten, dann denken Sie daran: Nicht ich, sondern der Herr bewegt große Dinge. Und er braucht dazu keine Armee. Viele Situationen erscheinen

---

[10] Charles Swindoll: Zeit der Gnade. Projektion J Verlag, Asslar 1998

ausweglos, und wir spüren: Wir sind nicht allmächtig. Aber Gott –
Gott ist allmächtig!

König Saul wollte David für den Kampf mit Goliath seine
schwere Rüstung zur Verfügung stellen. Größe XXL! Damit
konnte der Junge aber überhaupt nichts anfangen. Er konnte in
dem Ding nicht einmal gehen, geschweige denn gegen einen riesigen Gegner antreten. Also stellte er das Blech in die Ecke und griff
auf Bewährtes zurück: Seine Waffen waren sein Hirtenstock, eine
Steinschleuder und fünf flache Kieselsteine. So aufgerüstet ging er
Goliath entgegen.

Es ist immer wieder verblüffend festzustellen, wie und durch
wen oder was Gott wirkt. Er liebt die Demütigen mit mutigem
Herzen, die Schwachen mit großem Vertrauen. Wir müssen nicht
die Klügsten und Besten sein und alle Antworten wissen, um von
Gott gesegnet zu werden. Er belohnt einzig und allein unseren
Glauben.

Er will wissen, ob wir ihm vertrauen. Wenn ja, dann können
große Dinge geschehen! Gott wartet darauf, dass wir anfangen,
ihm wirklich zu vertrauen, und aufhören, in einer unpassenden,
schlecht sitzenden Rüstung zu kämpfen.

David ging mit seinem Stock, seiner Schleuder und fünf Steinen
auf Goliath zu, und der Champion brüllte:

»Ach, jetzt schicken sie schon Kinder in den Krieg. Bin ich denn
ein Hund, dass du mir nur mit einem Stock entgegenkommst?«
(1. Samuel 17,42-43)

Dann verfluchte er David im Namen aller Götter, die ihm gerade einfielen. David aber antwortete ganz ruhig:

»Du, Goliath, trittst gegen mich an mit Schwert, Lanze und
Wurfspieß. Ich aber komme mit der Hilfe des Herrn. Er ist der
allmächtige Gott und der Gott des israelitischen Heeres. Ihn hast
du eben verspottet. Heute noch wird der Herr dich in meine Ge-
walt geben.« *(1. Samuel 17,45-46)*

Was für eine Situation! Ein junger Kerl vom Lande trotzt dem
»Terminator«, und ich denke ein wenig neidisch: Wie leicht lasse
ich mich einschüchtern! Wie schnell vergesse ich, wer die ganze
Zeit dabei ist und mich im Kampf niemals alleine lässt.

David nahm Goliath gar nicht als Riesen wahr. Er sah einen lästernden Giftzwerg. Dann stürmte der Philister vorwärts. David lief ihm entgegen, legte einen Stein in seine Schleuder, ein paar kreisende Bewegungen, David zielte ruhig und genau, und ein runder Kieselstein flog durch die Luft. Der Riese fiel um, von einem Stein tödlich an der Stirn getroffen! Hundert Kilogramm Rüstung kippen einfach um. Ein Haufen Schrott! Dann nahm David Goliaths Schwert und schlug ihm damit den Kopf ab. Der Kampf war zu Ende, der Feind besiegt – ohne jeden Zweifel.

Wer ist hier der Riese, und wer ist der Zwerg? Aus dieser Geschichte können wir lernen, wie wichtig es ist, dass wir uns auf die Kämpfe in unserem Leben einlassen und ihnen nicht aus dem Weg gehen. Riesen begegnen uns immer wieder. Aber wir lassen uns nicht verblüffen oder einschüchtern. Wir machen es wie David und sagen: Mein Gott ist größer!

Die Perelandra-Trilogie von C. S. Lewis habe ich bereits mehrfach erwähnt. Ich kann nur immer wieder betonen, wie sehr ich diese Romanreihe liebe. Ich zähle sie zu den besten Büchern, die zum christlichen Glauben geschrieben wurden. Es ist einzigartig, wie Lewis hier biblische Wahrheiten in anschauliche Geschichten verpackt. Der dritte Band dieser Zukunfttrilogie spielt auf der Erde. Eine kleine Gruppe um den bereits erwähnten Gelehrten Ransom widersteht der feindlichen Übernahme einer Kleinstadt durch die Gruppe des Bösen. Das Institut Belbury ist der unheimliche Ort, an dem sich finstere Interessen mit pseudowissenschaftlichen Überzeugungen und dämonischen Kräften vereinigen.

Die kleine Gruppe der Widerstandskämpfer hat keine Chance. Zu groß ist der Aufmarsch des Feindes, zu mächtig seine Mittel, zu skrupellos sein Vorgehen. Mark, ein junger Gelehrter, fällt auf den Feind herein und findet sich wenig später in einer Zelle wieder. Er hat alles verloren und wartet auf den Tod. In dieser Stunde dämmert ihm die Wahrheit: »Er erkannte sich als widerlichen, kleinen Außenseiter, der wünschte, ein ›Innenseiter‹ zu werden, und er sog belanglose Vertraulichkeiten so gierig ein, als hätte man ihn in die Regierung des Planeten berufen. Hatte er seine Laufbahn nicht als Narr begonnen? War er nicht schon seit seiner frühesten Jugend ein vollendeter Einfaltspinsel gewesen?«[11] In dieser Stunde ändert sich für Mark alles. Er nimmt den Kampf auf. Erst noch zögerlich, aber doch bereit, verwirrt, aber nun mit dem festen Vorsatz, lieber zu sterben, als dem Bösen einen Fußbreit nachzugeben.

Dazu sind auch wir berufen, Sie und ich. Ungeachtet aller schwachen Momente und Niederlagen in unserem Leben. Wir haben ein Ziel und einen Auftrag. Und am Ende können wir mit Paulus sagen:

»Ich habe den guten Kampf gekämpft, ich habe den Lauf vollendet, ich habe Glauben gehalten; hinfort liegt für mich bereit die Krone der Gerechtigkeit ...« *(2. Timotheus 4,7-8)*

Ich weiß nicht, wie der Riese aussieht, mit dem Sie sich gerade auseinander setzen müssen. Denken Sie daran: Der Sieg ist unser. Vor 2000 Jahren fand vor den Toren Jerusalems der alles entscheidende Kampf statt. Dort hat der Sohn Gottes für uns gesiegt, für Sie und für mich. Am Kreuz von Golgatha hat er den größten Sieg der Geschichte errungen, die schlimmste Schlacht siegreich beendet. Es ist vollbracht! Davon leben wir, heute und jeden Tag.

Mich begeistern Geschichten von Männern und Frauen Gottes, die ein solches Vertrauen gelebt haben. Ich stelle fest: Auch sie sind nicht unangefochten, nicht ohne Versagen, aber doch mit großem Glauben. Ich liebe Berichte von Menschen, die ihre Liebe zu Jesus in ihren Taten zum Ausdruck gebracht haben. Ich bin tief beeindruckt, wenn die Töne eher leiser, die Taten dafür aber umso lauter sind. Eine Geschichte möchte ich hier erzählen:

Es geschah 1937, bei einer Evangelischen Woche in Darmstadt. Tausende von Menschen waren zusammengekommen, sehr zum Ärger der nationalsozialistischen Machthaber. Trotz Redeverbots predigte der Essener Pfarrer Wilhelm Busch an diesem Tag in der voll besetzten Pauluskirche über das Thema »Jesus ist Herr«. Nach der Veranstaltung wurde Busch verhaftet. Mehrere SS-Männer in Uniform und ein Kommissar teilten ihm mit: »Sie sind aus

---

[11] C. S. Lewis: Der schweigende Stern: die komplette Perelandra-Trilogie. Heyne, München 2000

Hessen ausgewiesen.« Als Busch sich weigerte, das zu akzeptieren, nahmen sie ihn fest. Er wurde in das bereitstehende Fahrzeug geführt, und der Kommissar gab das Zeichen zum Aufbruch. Der Fahrer wollte den Wagen starten, aber nichts geschah. Der Motor sprang nicht an. Busch dachte an Psalm 2: »Der im Himmel sitzt, lacht ihrer.« In der Menschenmenge stimmte jemand das Lied an: »Ist Gott für mich, so trete gleich alles wider mich ...«, und die Menge sang mit. Die SS-Leute waren sichtlich verlegen, und der Wagen sprang immer noch nicht an. In die einsetzende Stille rief ein junger Mann von der Kirchentreppe aus mit lauter Stimme: »Dass Jesus siegt, bleibt ewig ausgemacht, sein wird die ganze Welt. Denn alles ist nach seines Todes Nacht in seine Hand gestellt. Nachdem am Kreuz er ausgerungen, hat er zum Thron sich aufgeschwungen. Ja, Jesus siegt.« Der junge Mann verschwand in der Menge, und der Wagen sprang an. Wilhelm Busch wurde ins Gefängnis gebracht. Wenig später brach über Deutschland die Nacht herein.[12]

Acht Jahre später war die Schreckensherrschaft der Nationalsozialisten vorbei. Wilhelm Busch habe ich in jungen Jahren noch predigen hören. Sein Vorbild hat mich stets herausgefordert. Menschen wie er sind mir ein Vorbild. Man kann ihnen ihre Berufung abspüren. Glaubwürdig sind sie mit Jesus unterwegs, und ich verspüre den Wunsch: »Herr, lass mich auch jemand sein, der so integer ist und so authentisch durch seine Lebensführung ausdrückt, dass er dich liebt.«

Welche Kriterien muss man erfüllen, um von Gott berufen zu werden? Um diese Frage zu beantworten, können wir erneut bei David nachschauen. Sein Leben als jüngster Sohn sollte eigentlich nach einem bestimmten Muster verlaufen: Er sollte weiterhin bei seinem Vater die Schafe versorgen, sollte heiraten und Kinder kriegen – und wir hätten nie etwas von ihm gehört.

Doch wie wir wissen, kam es ganz anders. Gott trat in sein Leben und sprach seine Berufung aus. Als der Prophet Samuel seinen Vater besuchte und klar wurde, dass der neue König für

---

[12] Wilhelm Busch: Variationen über ein Thema. Stuttgart 1974

Israel aus der Familie des Isai kommen würde, da dachte sein Vater an alle sieben älteren Brüder, nur nicht an seinen Jüngsten. Der war auch gar nicht zu Hause. Er hütete die Schafe, was auch sonst! Auch Samuel ging davon aus, dass der älteste der Brüder der zukünftige König sein musste, denn zu der Zeit war stets der älteste Sohn der Haupterbe, der Nachfolger des Vaters, der mit den meisten Rechten. Aber Gottes Berufungskriterien waren andere. Er hielt sich nicht an die Traditionen der Menschen. Stattdessen sprach der Herr zu Samuel folgende Worte, die auch heute noch ihre Gültigkeit haben:

»Sieh nicht an sein Aussehen und seinen hohen Wuchs; ich habe ihn verworfen. Denn der Herr sieht nicht auf das, worauf ein Mensch sieht. Ein Mensch sieht, was vor Augen ist; der Herr aber sieht das Herz an.« *(1. Samuel 16,7)*

Was ist Gott wichtig? Was sind Kriterien göttlicher Berufung?

Zunächst einmal sah Gott in David eine geistliche Persönlichkeit, einen Mann nach seinem Herzen. David war ein Mann mit einem feinen geistlichen Gespür für den Willen Gottes. Er erfüllte, was an anderer Stelle im Alten Testament als Kriterium genannt wird:

»Des Herrn Augen schauen alle Lande, dass er stärke, die mit ganzem Herzen bei ihm sind.« *(2. Chronik 16,9)*

Gott sucht keine Überflieger. Er sucht Menschen, die mit ganzem Herzen bei ihm sind!

Aber ein Kriterium kommt noch hinzu. Es ist genauso wichtig, und es wird leicht übersehen: David war ein demütiger Mann. Als er im Kreis seiner Brüder von Samuel gesalbt wurde, war unumstößlich klar, dass er der zukünftige König war. Und was tat David im Anschluss an diese Zeremonie? Er hütete weiter die Schafe seines Vaters, bis Gott ihn an den Königshof berief. Der zukünftige, designierte König Israels passte auf die Herde seines Vaters auf. Das ist doch erstaunlich.

Stellen Sie sich vor, wenn Ihnen so etwas passieren würde! »Herr Meier, das englische Königshaus besinnt sich seiner deutschen Wurzeln und beruft Sie zum Nachfolger für Elisabeth der Zweiten, anstelle des enttäuschenden Charles.« Würden Sie morgen zu Ihrer alten Arbeit gehen und dort z. B. das neue Sortiment an Sommermöbeln ordern, das Protokoll der letzten Besprechung abtippen oder einen Fehler im Firmennetzwerk beheben? Ich wage, es zu bezweifeln. Niemals käme es uns in den Sinn, vergleichsweise profane Tätigkeiten weiter auszuüben, wenn wir zu Höherem berufen wären.

Das ist in der Gemeinde übrigens oft nicht anders. In der Regel haben wir für öffentlichkeitswirksame Arbeiten nie zu wenig Mitarbeiter. Beim Kindergottesdienst wird es schon schwieriger, und Mitarbeiter für das Reinigungsteam zu finden, ist zunehmend ein Kraftakt.

David aber hütete weiter die Schafe seines Vaters. Und als er dann endlich an den Hof des Königs kam, übernahm er keine Regierungsgeschäfte, sondern war für die Musik zuständig. Er sang Lieder für einen schwermütigen König, der dabei auch noch hin und wieder versuchte, ihn mit einem Speer zu töten. Was für eine Aufgabe! Es sollte noch viele Jahre dauern, bis David endlich den Platz einnahm, der für ihn vorgesehen war. Er ertrug diese Zeit mit erstaunlicher Geduld und Demut.

Gott sucht Menschen mit einem demütigen Herzen. Demut – das ist der Mut zu dienen. Gott sucht Leute, die es auf sich nehmen zu dienen.

David erfüllte noch ein weiteres Kriterium für die göttliche Berufung: Gott sah in ihm einen integren, treuen Mann. Bill Hybels wurde einmal gefragt, was er an Billy Graham besonders schätze. Er antwortete: »Seine Integrität!« Dieser Mann ist treu geblieben in all den Jahren seines herausragenden Dienstes, und das ist entscheidend. Das ist nicht zuletzt auch eins der Kriterien, die David zu einem Mann nach dem Herzen Gottes werden ließen. Von David heißt es:

»... und erwählte seinen Knecht David und nahm ihn von den Schafherden; von den säugenden Schafen holte er ihn, dass er sein Volk Jakob weide und sein Erbe Israel. Und er weidete sie mit aller Treue und leitete sie mit kluger Hand.« *(Psalm 78,71-72)*

Treu sein bedeutet: Auch da, wo mich niemand sieht, bin ich Gott gehorsam. Es geht nicht darum, einen guten Eindruck zu hinterlassen. Das ist oft nicht schwer, denn wir Menschen sind leicht zu beeindrucken und zu verblüffen. Wenn Gott die Treue Davids so hervorhebt, dann meint er: David ist mir immer treu, in der Öffentlichkeit genauso wie im ganz Privaten.

Berufung hat immer mit der Frage zu tun: Wer bin ich eigentlich, und wer möchte ich sein? Ich wünsche Ihnen, dass in Ihnen ein Wunsch wach wird und zunehmend Ihr Leben bestimmt: »Ich möchte ein Mensch nach dem Herzen Gottes sein.« Dabei geht es nicht um warme Gefühle, sondern um die Bereitschaft, Gott zu lieben und ihm treu zu dienen.

Eins möchte ich noch sagen: Ein Mensch nach Gottes Herzen werden, das geschieht häufig in der Stille. David wuchs völlig unbekannt und unbeachtet auf. Er war viel allein mit seinen Schafen unterwegs. Dort reifte er zu einer Persönlichkeit heran, die Gott lobte. Er wollte nicht groß sein, er wollte nur Gott gefallen und ihm vertrauen. Das hat ihn, als er dann groß war, vor dem Schiffbruch bewahrt. Es hat ihm geholfen, mit den Siegen und den Niederlagen seines Lebens fertig zu werden, und es hat ihn davor bewahrt, über all seiner Macht und seinem Reichtum seinen Gott aus den Augen zu verlieren.

Männer und Frauen nach dem Herzen Gottes wachsen in der Stille. Dort, wo niemand uns sieht, wo sich niemand um uns kümmert, wächst geistliche Persönlichkeit. Dieses Wachstum braucht Zeit. Hüten Sie sich vor denen, die Ihnen versprechen, dass es in fünf Minuten geschehen kann. Wenn Sie es zulassen, formt Gott Sie zu einem Menschen nach seinem Herzen – auf seine Weise und in seiner Zeit.

Kapitel 4

*Satan versucht, uns in einer Kette negativer Gedanken zu belassen.
Vergessen Sie also nicht, dass Sie geradewegs in seine Hände spielen und
Gottes großartigen Plan für Ihr Leben verfehlen, wenn Sie sich erlauben,
von negativen Einstellungen beherrscht zu werden.*

MYRON RUSH

*Sind wir untreu, so bleibt er doch treu; denn er kann sich selbst nicht ver-
leugnen.*

2. TIMOTHEUS 2,13

*Ich merkte, dass alles, was Gott tut, das besteht für ewig; man kann nichts
dazutun noch wegtun. Das alles tut Gott, dass man sich vor ihm fürchten soll.*

PREDIGER 3,14

In die Enge getrieben – wo bleibt die Begeisterung?

Ich muss Ihnen sicherlich nicht erklären, warum mir David in
seinen jungen Jahren so sympathisch ist. Er ist der Held, der ich
immer sein wollte. Er zeigte keine Angst in größter Gefahr und
hatte ein durch nichts zu erschütterndes Gottvertrauen. Er begeistert mich – wohlgemerkt in seinen jungen Jahren. Später wurde es
bisweilen sehr kritisch in seinem Leben. Der Mann nach dem
Herzen Gottes leistete sich Dinge, die in unserer Kirche zu seiner
Entlassung geführt hätten. Jedes weltliche Gericht hätte ihn der
Anstiftung zum Mord für schuldig befunden. In den Augen Gottes hatte der große König sein Leben verwirkt.

Doch Gott hielt weiter an ihm fest, und David blieb König. Er
wurde in Ehren alt und ging als größter König in die Geschichte
Israels ein. Wie ist das möglich?

Spätestens jetzt muss ich Ihnen etwas über die Treue und Verlässlichkeit Gottes erzählen. Wir verhinderten Helden erreichen

doch nur das Ziel, weil die Gnade Gottes ausreicht und weil unser Gott ein treuer Gott ist.

Unsere Begeisterungsfähigkeit kennt Grenzen. Anfangs sind wir mit Feuereifer dabei, Gott auf die unterschiedlichste Weise zu dienen. Wir versprechen ihm unser Leben und unseren vollen Einsatz. Doch schon nach einiger Zeit fällt uns schwer, was wir zuvor als Freude und nicht als anstrengenden »Dienst« empfunden haben. Auf einmal haben wir Mühe, am Morgen so rechtzeitig aufzustehen, dass es noch für ein wenig Zeit mit ihm reicht. Am Anfang opfern wir ihm bereitwillig eine mögliche lukrative Karriere. Doch irgendwann beginnen wir, sogar unsere Autofahrten zum Gottesdienst vom Zehnten abzuziehen. Es ist gut, dass Gott seine Diener häufig bereits in jungen Jahren beruft. Später ist das viel schwieriger, weil die Menschen dann inzwischen wissen, wie teuer die Ausbildung der Kinder ist, wie schön sich ein neues Auto fährt und welche Sicherheit ein höheres Einkommen verspricht.

Die Länge des Weges lässt die Last schwerer erscheinen – und schmälert die Lust. Das gilt für jeden Christen und nicht nur für die Vertreter meines Standes. Menschen gewöhnen sich an das Gute. Christen wissen um den Himmel, um die Vergebung ihrer Schuld. Seit Jahren gehören sie zu einer christlichen Gemeinde, besuchen die Gottesdienste und ertappen sich bei dem Gedanken: Es ist doch auch mal schön, am Sonntag auszuschlafen und keine Predigt zu hören. Der Ausflug ins Grüne, das Frühstück im Bett oder der Besuch von Verwandten wird als gute Gelegenheit gesehen, der frommen Routine zu entfliehen. Was ist passiert? Wo bleibt die Sehnsucht? Wann hat Jesus das letzte Mal mein Herz berührt? Wo ist die Begeisterung, wo die erste Liebe geblieben?

Alles verändert sich – wir auch. Wir haben nicht alles im Griff, auch nicht unseren Glauben. Der Alltag holt uns ein, und auf einmal verliert Wichtiges seine Bedeutung für uns. Unsere Zeit und unsere Umwelt verändern sich. Nur Gott ist der ewig Gegenwärtige, der unveränderliche und treue Gott, die unverrückbare Konstante in unserem Leben, der Felsen, der Grund, auf dem alles steht. Im Buch Daniel steht das Bekenntnis eines heidnischen Königs, der über die Verlässlichkeit Gottes staunt und bekennt:

»Er ist der lebendige Gott, der ewig bleibt, und sein Reich ist unvergänglich, und seine Herrschaft hat kein Ende. Er ist ein Retter und Nothelfer, und er tut Zeichen und Wunder im Himmel und auf Erden.« *(Daniel 6,27-28)*

Wie gerne würde ich jetzt davon erzählen, wie gradlinig sich in meinem Leben alles entwickelt hat und wie heldenhaft ich im Dienst des großen Königs meine Schlachten geschlagen habe. Ich wollte immer ein Held sein, tapfer, integer, liebenswert und verlässlich. Ich hatte mir vorgenommen, immer mein Bestes zu geben und meinem Herrn ohne Abzüge treu zu dienen. Aber nichts bleibt, wie es ist. Alles verändert sich! Wir verändern uns, und die Welt, in der wir leben, verändert sich. Immer neue Erwartungen nehmen wir anfangs recht gelassen zur Kenntnis, später überfordern sie uns.

Die ersten Jahre als Pastor waren für mich bestimmt von der Sorge für eine größer werdende Familie und der Arbeit in einer Gemeinde, die mich rund um die Uhr forderte. Jahrelang ging das gut. Ich versah meinen Dienst, die Gemeinde wurde größer, und ich gab mir Mühe, allen Erwartungen zu entsprechen, die an mich gestellt wurden.

Sie wissen wahrscheinlich, wie gefährlich das ist. Man lebt in vielen Bereichen seines Lebens nach einem fremden Drehbuch und vergisst darüber seine eigenen Zielsetzungen und Wünsche. Natürlich ist eine Berufung immer auch eine Verpflichtung, die man nicht nach Lust und Laune aufkündigen kann. Als Pastor habe ich Verantwortung für Menschen übernommen. Nehme ich meine Berufung als Hirte ernst, dann kann ich nicht nach Belieben die Herde verlassen oder sie schnell mal wechseln, wenn es mal nicht so gut läuft.

Und doch gibt es einen feinen Unterschied zwischen Verantwortung und Abhängigkeit. Irgendwann in diesen Jahren voll eifriger Betriebsamkeit meldete sich die Sehnsucht wieder. Tagein, tagaus dasselbe tun und bis zur Pensionierung immer nur darauf achten, dass es allen gut geht und mich möglichst alle mögen, das konnte es doch nicht sein.

Ich war dabei, einen großen Fehler zu machen, und niemand

warnte mich davor. Oder vielleicht doch? Aber ich hörte und sah nichts. Mit mir geschah etwas, das John Eldredge so beschreibt: »Alle Versuche, unser Leben abzusichern, indem wir nach den Erwartungen der anderen leben, führen letztendlich dazu, dass unsere Seele stirbt.«[13]

Dass etwas nicht stimmte, merkte ich das erste Mal im Sommer 1988. Ich war mit meiner Jugendgruppe nach Südfrankreich auf eine Freizeit gefahren. Wir wollten zelten und hatten alle Habseligkeiten auf vier Pkws und einen VW-Bus verteilt. Mein Wagen war der Einzige, der nach zwei Wochen heil wieder zu Hause ankam. Der VW-Bus war auf dem Hinweg stehen geblieben und musste verschrottet werden. Die drei anderen Fahrzeuge hatten auf dem Rückweg einen Unfall. Für mich waren die zwei Wochen der reinste Horrortrip. Die Teilnehmer schwärmen noch heute von dieser tollen Zeit.

Kaum war ich zu Hause angekommen, musste ich wieder die Koffer packen. Im Auftrag unserer Freikirche sollte ich vierzehn Tage lang Gemeinden in Indonesien besuchen. Dass ich unter starkem Heimweh litt, habe ich schon berichtet. Aber das war längst nicht alles. Kaum war ich in Jakarta angekommen, ging es auch schon weiter nach Nord-Sulawesi. Noch einmal war ich einen ganzen Tag alleine unterwegs. Zwei Tage lang hatte ich da schon nicht mehr richtig geschlafen. In der folgenden Nacht lag ich wieder wach und stand am Morgen wie gerädert auf. Der Tag verlief mühsam. Am Abend sollte ich in einer kleinen Gemeinde predigen. Weil der versprochene Dolmetscher nicht dabei war, musste ich relativ unvorbereitet das erste Mal in meinem Leben eine Predigt auf Englisch halten. Haben Sie mich schon einmal englisch reden hören? Wenn ja, dann werden Sie mir beipflichten, dass diese Predigt einem persönlichen Pfingstwunder gleichkam.

Als ich in der darauf folgenden Nacht erneut nicht schlafen konnte, war ich am Ende meiner Kraft und Fassung. Mein Herz meldete sich. Es schlug sehr unregelmäßig, und ich hatte Schmerzen in der linken Brustseite. Ich bekam es mit der Angst zu tun.

---

[13] John Eldredge: Folge deinem Traum. Brunnen Verlag, Gießen 2005

Freunde sorgten dafür, dass wir früher als geplant nach Jakarta zurückreisen konnten. Noch in der Nacht lernte ich die Intensivstation des katholischen Krankenhauses kennen – unfreiwillig, als Patient mit Verdacht auf Herzinfarkt. Als meine Frau es endlich geschafft hatte, mich telefonisch zu erreichen, fiel uns beiden das Sprechen schwer. Nie zuvor war ich mir so hilflos und ausgeliefert vorgekommen. Ich wollte nur noch nach Hause. Wie sich herausstellte, war es keine ernsthafte Erkrankung. Die Symptome waren eher die Folge von Erschöpfung und Überforderung. Nach einer Woche konnte ich planmäßig nach Deutschland zurückfliegen. Und dort angekommen lief alles so weiter wie gehabt.

Einen Monat später ging dann schließlich gar nichts mehr. Unsere Gemeinde feierte ihren 80. Geburtstag – und ich hatte keine Kraft mehr. Völlig fassungslos nahm ich wahr, was mit mir geschah. Zwischen den einzelnen Gottesdiensten und Veranstaltungen ging ich immer wieder ins Schlafzimmer, um mich aufs Bett zu legen. Ich wusste nicht mehr weiter. Ich musste weinen, ohne den Grund dafür zu kennen. Ich war am Ende, ohne zu wissen, warum. Ich erinnere mich an die Aussage einer lieben Verwandten: »Klaus, was ist los mit dir?! Du hast eine gute Frau, so liebe Kinder, eine tolle Gemeinde und fährst ein neues Auto. Was willst du mehr? Was ist nur los mit dir?«

Ja, was war los mit mir? Depression, Überforderung und Ausbrennen – solche Begriffe hätte ich damals nie mit meiner Person in Verbindung gebracht. Ich war 36 Jahre alt, unentbehrlich und überaus beschäftigt.

Eine Woche absolute Ruhe in der Lüneburger Heide brachte mich wieder auf die Beine. Das Leben ging weiter, aber es hatte sich etwas verändert: Meine Unbekümmertheit war weg. Eine unbestimmte Angst wurde ich nicht mehr ganz los: Was ist, wenn auf einmal gar nichts mehr geht? Wenn das Herz versagt, die Kräfte nicht mehr reichen? Was ist, wenn der Held die Schlacht nicht überlebt, wenn der Stein Goliath verfehlt und der Riese zum Schlag ausholt.

Wenn Gott mit uns sprechen möchte, dann kann er das auf zwei Arten tun. Der englische Dichter C. S. Lewis schreibt: »Gott flüstert uns zu in der Freude, spricht zu unserem Gewissen, aber er schreit in unseren Schmerzen.«[14] Erst einmal hat er es bei mir mit dem Flüstern versucht, das dann über lange Zeit zu einem Schreien anwuchs. Viele Jahre lief alles bestens. Die 90er Jahre waren eine gute Zeit für mich. Meine Frau Esther und ich feierten in dieser Zeit unsere Silberne Hochzeit und mein zwanzigjähriges Dienstjubiläum als Pastor der Paulus-Gemeinde. Familie und Gemeinde entwickelten sich prächtig. Ich war ein angesehener und geschätzter Seniorpastor mit einem guten jungen Kollegen, verheiratet mit einer liebenswerten Frau, beschenkt mit fünf Kindern, die nun eins nach dem anderen heirateten.

Gegen Ende der 90er Jahre wurde ich Präses unseres Verbandes. Zu der gemeindlichen Verantwortung kam die Sorge für eine kleine, aber äußerst betriebsame Freikirche. Es war eine große zusätzliche Verantwortung, die ich mit viel Enthusiasmus und vielen guten Vorsätzen übernahm. Nur kurze Zeit später veränderte sich in der Gemeinde die Gottesdienststruktur erheblich: Da die Gemeinde stetig wuchs, boten wir am Sonntagmorgen zwei Gottesdienste an, um Platz für die neuen Menschen zu schaffen.

Alles lief gut, und doch schlich sich bei mir eine immer stärker werdende Unruhe und Unzufriedenheit ein. Die Paulus-Gemeinde war und ist mein Zuhause. Immer, wenn ich Bremen zum Predigtdienst oder zu Sitzungen verließ, freute ich mich auf die Rückkehr in meine eigene Gemeinde, wo ich so gute und reiche Erfahrungen mache. Auch das Jahr der tiefsten Krise hatte für mich glückvolle Momente, besonders nach den Gottesdiensten. Ich staunte und staune auch heute noch immer wieder, wie gut Gott es mit mir in dieser Gemeinde meint und welches Vorrecht es ist, hier meinen Dienst zu tun.

Und doch hatte sich in diesem besonderen Jahr, nein, eigentlich schon viel früher, etwas verändert, zunächst unmerklich, dann aber immer deutlicher: Meine Unzufriedenheit und mein Stöhnen nahmen zu. Immer öfter stellte ich mir nun die Frage, ob Pastor zu sein und immer in dieser Gemeinde zu arbeiten, tatsächlich meine

---

[14] C. S. Lewis: Über den Schmerz. Brunnen Verlag, Gießen [5]2005

Lebensaufgabe sei. Sollte ich wirklich bis zur Pensionierung immer das Gleiche machen: Sonntag für Sonntag die Predigt halten, donnerstags den Gemeindegottesdienst gestalten, Sitzungen und Gespräche führen und immer wieder neue Impulse geben, damit die Arbeit im Fluss blieb, die Atmosphäre stimmte und die Gemeinde wuchs?

Mehr und mehr war ich damit beschäftigt, darüber nachzudenken, ob ich überhaupt glücklich war. Die vermeintliche Eintönigkeit meines Alltags versuchte ich mit »kleinen Kicks« zu überwinden. Manche Abendstunden verbrachte ich mit dem Zappen durch das Fernsehprogramm. Einen Film zu Ende zu sehen, dazu reichte meine Konzentration allerdings nicht. Die Familie beklagte sich, dass ich nach den Mahlzeiten immer als Erster aufstünde und nie Zeit hätte, noch ein wenig zu reden. Zeit hatte ich schon, was mir fehlte war die innere Ruhe.

Mein Glaube veränderte sich. War einst die Einladung Jesu zum Trinken des lebendigen Wassers für mich Ansporn und Ermutigung, so wurde sie jetzt zur Bedrohung, zum Aufzeigen eines unausfüllbaren Defizits. Die Verheißungen Jesu über das Wasser, das allen Durst stillt, und das Brot, das absolut sättigt, konnten meiner Meinung nach nur auf die Ewigkeit hinweisen, nicht aber in diesem Leben gelten. »Leben und volle Genüge« konnten nur eschatologisch verstanden werden. Ich hatte Durst und keine Ahnung, wie ich ihn stillen konnte.

Ich wurde unruhiger, hektischer, nervöser. Eigentlich hatte ich Erholung und neue geistliche Ausrichtung nötig. Stattdessen wollte ich immer mehr tun und mehr erreichen. Es war für die Gemeinde ein Jahr neuer Projekte und Programme. Und ich war der heimliche Motor, getrieben von mir selbst und von Mitarbeitern, die sich engagiert auf die neuen Arbeitsbereiche stürzten.

Bei alledem hatte ich eine tiefe Sehnsucht nach mehr Ordnung und geistlicher Disziplin in meinem Leben. Mehr Stille, mehr Gebet, mehr Bibellesen – ständig nahm ich mir das vor, ohne erkennbare Veränderungen. Vor mir selbst rechtfertigte ich mich mit der Feststellung, dass ich mich ja ohnehin durch meinen Beruf intensiv mit der Bibel und dem Gebet beschäftigte.

Mein Leben wurde sichtbar schwieriger. Morgens beim Aufstehen erschien mir der kommende Tag schwer und bedrohlich. Erst die Dusche half mir aus der morgendlichen Depression. Das heilige Leben, eigentlich Vorrecht und Berufung, wurde zu einer schweren Last. Mein Kampf gegen die Sünde basierte auf Angst vor möglichen Konsequenzen, nicht auf der Liebe zu Jesus.

Dann kam das Jahr 2001, angefüllt mit Plänen und Aktivitäten. Ich kämpfte an vielen Stellen. Aber was dann passierte, kam überraschend. Die Erfahrung, die ich machen sollte, war demütigend und unvereinbar mit dem Leben eines Helden, der ich doch immer sein wollte. Einem Ritter ohne Furcht und Tadel durfte das doch nicht passieren: Ich konnte plötzlich nicht mehr. Ich hatte keine Kraft mehr, wollte nur noch meine Ruhe haben und hatte Angst vor jeder neuen Herausforderung. »Burnout« nennt man so etwas, und keiner weiß wirklich, was das eigentlich ist. Dass mir das passieren sollte, damit hatte ich nicht im Traum gerechnet.

Ein bekannter evangelikaler Theologe hat in diesen Tagen überzeugend ausgeführt, dass ein geordnetes Leben in unserem Herrn unverzichtbar ist. Er zog folgendes Fazit: »Wer so lebt, wer so mit Jesus verbunden ist, bekommt keinen Burnout.« Das habe ich damals auch geglaubt. Und ist es trotzdem passiert, dann ist es wenig hilfreich, wenn jemand erklärt, dass das eigentlich nicht passieren dürfe.

Wie sah nun der Zusammenbruch aus? Das Weihnachtsfest 2000 mit den Predigtdiensten hatte ich noch gut bewältigt. Aber dann, gleich zu Anfang des neuen Jahres, war ein Radio-Gottesdienst geplant, eine Direktübertragung von Radio Bremen. Anstatt zwischen Weihnachten und Silvester auszuspannen, füllte die Vorbereitung für dieses Ereignis die Tage. Am Samstag vor dem Gottesdienst war ich innerlich so angespannt, dass ich mit Magenschmerzen noch spätabends einen Spaziergang machte, ohne jedoch Entspannung zu finden.

Der Gottesdienst verlief sehr gut, mit überraschenden Echos. Alles klappte bestens – aber der schöne Erfolg stimmte mich nicht positiver. Das war übrigens eine Beobachtung, die ich schon seit einiger Zeit machte: Ich konnte mich über das Wirken Gottes, seine großen und kleinen Wunder in unserer Gemeinde und Familie, nicht mehr richtig freuen. Manchmal hatte ich das Gefühl, als stünde ich neben mir und beobachtete nur, innerlich unbeteiligt. Oft dachte ich: »Wenn mir vor zwanzig Jahren zu Dienstbeginn jemand eine solche Gemeindeentwicklung prophezeit hätte, dann wäre ich außer mir gewesen vor Glück.« Doch in dieser Zeit konnte ich mich kaum noch freuen. Mir erschien alles zu anstrengend.

Und noch immer machte ich weiter. Es ist wohl ein bekanntes Phänomen, dass Leute, die einem Zusammenbruch entgegengehen, ihrer wachsenden Furcht mit noch mehr Aktivität begegnen. Die Reaktionen auf meine Predigten waren gut. Ich konnte mich in dem guten Gefühl sonnen, dass alles in Ordnung sei. Wohl ertappte ich mich nun selbst dabei, wie ich immer abhängiger wurde vom Zuspruch der Gemeindeglieder und Gäste. Die Beziehungen zu einigen engen Mitarbeitern waren angespannt, doch ich hatte nicht die Kraft, etwas dagegen zu tun. Mein Denken wurde kleinlich, und ich war immer mehr darauf bedacht, alles zu kontrollieren. Ich kümmerte mich um Dinge, die mich eigentlich nichts angingen, die ich aber mit dem Gedanken erledigte: »Bis ich das jemandem erklärt habe, mache ich es lieber selber.« Im Februar fand sich in meinem Gebetstagebuch der lapidare Satz: »Ich kann nicht mehr!« Aber ich machte weiter. Und machte Fehler. Früher oder später musste etwas geschehen.

Es passierte etwas, allerdings so ganz anders, als ich es mir vorstellen konnte und wie ich es mir so bestimmt nicht gewünscht hätte. Es begann an Ostern. In den beiden Feiertagsgottesdiensten predigte ich über das Thema »Was sollen wir mit Jesus anfangen?«. Der erste Gottesdienst verlief wie geplant, in guter Atmosphäre und liebevoller Verabschiedung am Ausgang. Der zweite Gottesdienst begann. Ein Mitglied unseres Theaterteams spielte in einem Stück vor der Predigt den mit sich ringenden Pilatus. Auf einmal wurde es unruhig.

Eine junge Frau, offensichtlich unter Drogeneinfluss, zerrte ihren kleinen Sohn auf die beiden einzigen freien Plätze in der zweiten Reihe. Sie störte den Gottesdienst empfindlich. Sie ließ sich aber nicht hinausbegleiten und begann, mit offensichtlich okkulten Beschwörungen weiter zu stören.

In dieser Situation musste ich auf die Kanzel. Noch einmal ließ ich den letzten Chorus singen in der Hoffnung, dass meine Mitarbeiter diese Frau doch noch bewegen könnten, den Raum zu verlassen. Keine Chance! Ich begann mit der Predigt, und es wurde die schwerste meines Lebens. Bis heute weiß ich nicht, wie ich sie durchgestanden habe, aber irgendwie ging es. Zuhörer, die weiter hinten saßen, hatten von dem Zwischenfall kaum etwas mitbekommen. Andere hatten intensiv für mich und die Gemeinde gebetet. Die Frau blieb, abgesehen von ihren beschwörerischen Bewegungen, ruhig. So war im Nachhinein eigentlich alles bestens. Die Gemeinde hatte die Herausforderung erkannt und angenommen.

Doch in mir sah es anders aus. Als ich nach dem Gottesdienst, noch sichtlich unter dem Schock dieser ungewöhnlichen Predigtumstände, in unsere Wohnung ging, schaute die junge Frau mich beim Vorübergehen an, mit einem seltsam wissenden, spöttischen Blick, und in meinem Kopf tauchte ein Satz auf, so als hätte ich ihn gehört: »Jetzt hab ich dich!« Bis heute weiß ich nicht: Habe ich ihn tatsächlich gehört, oder war es nur ein plötzlicher Gedanke? Ich bin in meine Wohnung geflüchtet, schockiert und voller Angst. »Jetzt hab ich dich!«

Nie werde ich vergessen, was mir dabei in den Sinn kam: »Jahrelang habe ich der Versuchung widerstanden, Dinge zu tun, die mich als Christ und Pastor unglaubwürdig gemacht hätten. Und jetzt passiert mir das. Jetzt hat er mich doch gekriegt.« C. S. Lewis sagt, dass es nichts Schrecklicheres gibt, als in das Angesicht des Teufels zu blicken. Ich habe an diesem Sonntag eine Ahnung davon bekommen. Ich hatte nicht die Kraft, das teuflische Spektakel zu durchschauen, nicht den Glauben, dieser Lüge zu widerstehen. Heute weiß ich es besser: Es gibt nur einen, der »mich hat«, ein für alle Mal: Jesus, mein Herr und Erlöser. Und der Teufel ist ein Lügner!

In der folgenden Woche habe ich irgendwie versucht, mit dem Erlebten fertig zu werden, doch in der Dienstbesprechung am

Dienstagmorgen verlor ich schließlich die Fassung. Meine Mitarbeiter zeigten Verständnis und überlegten, wie wir solchen Zwischenfällen in Zukunft besser begegnen könnten. Am nächsten Sonntag stand ich wieder auf der Kanzel. Und eigentlich lief alles ganz gut.

Dann folgte eine intensive Zeit auf der Delegiertentagung unserer Kirche. Am Anfang stand eine Sitzung der Kirchenleitung. Schon bei der einleitenden Andacht konnte ich nicht weitersprechen. Ich versuchte zu erklären, was am Sonntag geschehen war, aber meine Kollegen waren mit meinem Ausbruch sichtlich überfordert. Die Woche wurde zu einem einzigen inneren Kraftakt.

Es ist etwas Seltsames an den »schlechten Tagen« unseres Lebens. Wir tun alles, um sie zu vermeiden. Wir beten, dass alles friedlich bleibt und böse Zeiten uns erspart bleiben. Doch solche Zeiten haben zwei Seiten. Sie sind beides: Bedrohung und Chance. Doch meistens begreifen wir sie nur als Bedrohung. Wir sind verunsichert, haben Angst und beten um das schnelle Eingreifen Gottes. Wir wollen zurück in die vertraute Sicherheit der ganz normalen Tage. Alles scheint uns besser, als so getroffen zu werden. Im Augenblick des Zusammenbruchs wünschte ich mir nichts lieber als den gleichförmigen Lauf der zurückliegenden Jahre. Auf ein solches Abenteuer hätte ich gerne verzichtet. Hier gab es keinen Ruhm zu ernten.

Es ist so: Gott erhört unsere Gebete, aber er antwortet meist nicht so, wie wir das gerne hätten. Wenn wir glauben, dass alle Dinge in unserem Leben zum Guten mitwirken, dann sind das nicht nur die schönen und angenehmen Tage, sondern auch die weniger schönen, die bedrohlichen, die anstrengenden. Es sind dann auch die Tage, an denen wir beim besten Willen nicht verstehen können, wie Gott uns das zumuten kann. Und manchmal nimmt er uns bei voller Fahrt aus dem Fahrplan und schiebt uns auf ein scheinbares Abstellgleis.

Ich hätte alles getan, um schnell wieder auf der Höhe und bei allem dabei zu sein. Ich war bereit, jede Chance zu nutzen. Noch während der Delegiertentagung sprach ich einen Kollegen an: Es war Zeit für ein umfassendes seelsorgerliches Gespräch. Dabei fiel eine Last von meiner Seele, und ein langer Kampf ging zu Ende. Ich konnte die Ereignisse vom Ostersonntag aufarbeiten und das befreiende Gebet eines Amtsbruders in Anspruch nehmen.

So weit, so gut, dachte ich. Der Riese war besiegt, die Schlacht geschlagen. Es konnte weitergehen. Gleich, am darauf folgenden Wochenende. Ich bemerkte nicht, dass zwar eine Schlacht geschlagen, dass der Krieg aber noch lange nicht gewonnen war. So sprach ich bei einer Mitarbeiterschulung in einer befreundeten Gemeinde und übernahm auch am Sonntag die Predigt.

Doch zu Hause kam ich nicht mehr zurecht. Zwei Wochen lang tat ich nur das Nötigste, predigte noch einmal, und dann war es vorbei. Es war wirklich vorbei, und es war mir unmöglich, meinen Zustand länger zu verbergen. Ich fing ständig an zu weinen, ich hatte Angst, Herzschmerzen, Bauchschmerzen und keine Kraft mehr. Es wurde deutlich: Ich musste raus aus Bremen. Und so brachte ein Ältester mich zu Freunden nach Handorf. Ich war am Ende.

Ich konnte es nicht glauben und wollte es nicht wahrhaben: Gott stellte mich auf ein Abstellgleis und hörte einfach nicht auf meine Proteste. Bis zu diesem Zeitpunkt hatte ich in einundzwanzig Jahren Dienstzeit so gut wie keinen Sonntag wegen Krankheit gefehlt. Jetzt war es erst einer, dann waren es zwei, dann vier, dann acht. Was dachte sich Gott dabei? Ich war abgeschnitten von allem, beiseitegestellt, einfach so, obwohl doch nach dem seelsorgerlichen Gespräch mit meinem Kollegen eigentlich alles geklärt war. Es dauerte ziemlich lange, bis mir klar wurde, dass es sich bei alledem weder um eine Strafaktion Gottes noch um eine Disqualifikation handelte. Es war einfach an der Zeit loszulassen. Gott ging einen nächsten Schritt mit mir.

Alles verändert sich. Jahr für Jahr, Tag für Tag. Oftmals unmerklich, dann wieder dramatisch schnell. Die Erfahrung, die ich damals machen musste, war: Von einem Tag auf den anderen war alles anders. Eine Konstante aber bleibt: Trotz aller Veränderungen bleibt der Herr unser ewiger, unveränderlicher und treuer Gott.

Nehmen Sie Veränderung wahr? Wir werden älter, zunächst

unmerklich, später erschreckend schnell. Die ersten zwanzig Jahre unseres Lebens, so sagen die Psychologen, empfinden wir als genauso lang wie den Rest unseres Lebens. Wir verändern uns, empfinden anders, sind nicht mehr so schnell zu begeistern und geraten in die Gefahr, zynisch zu werden. Wir kennen schon alles, misstrauen zu offensichtlicher Begeisterung und realisieren nur ungern, dass wir so alt geworden sind wie unsere Freunde auch.

Wir verändern uns. Ein Junge steht auf und bietet mir seinen Platz in der Straßenbahn an. Ich schaue mich um, aber er meint mich. Kann das wahr sein? Auch die Welt um uns herum verändert sich ständig. Wie wird es in zwanzig Jahren um unsere Renten stehen? Wie lange werden wir in zehn Jahren arbeiten müssen? Alle diese Veränderungen liegen außerhalb meiner Kontrolle.

Ich habe gerne alles im Griff, und Überraschungen müssen für mich kontrollierbar sein. Ich liebe Veränderungen, solange ich sie selbst inszeniere. Aber was sich für mich in diesem Frühjahr veränderte, war außer Kontrolle. Und das machte mir große Angst.

In einer Zeit, in der sich alles verändert und in der ich mich weder auf mich selbst noch auf meine Umwelt verlassen kann, gibt es doch eine unerschütterliche Wahrheit: Gott ist ewig, unveränderlich, treu. Seine Macht ist ewig. Während bei uns alles drunter und drüber geht, Veränderungen Krisen auslösen, bleibt er derselbe. Alles hat seine Zeit, sagt der Prediger. Doch dies gilt nur für uns Menschen. Für Gott gilt das nicht:

»Ein jegliches hat seine Zeit, und alles Vorhaben unter dem Himmel hat seine Stunde: Geboren werden hat seine Zeit, Sterben hat seine Zeit; Pflanzen hat seine Zeit, Ausreißen, was gepflanzt ist, hat seine Zeit ... Ich merkte, dass alles, was Gott tut, das besteht für ewig; man kann nichts dazutun noch wegtun. Das alles tut Gott, dass man sich vor ihm fürchten soll.« *(Prediger 3,1-2.14)*

Bei mir geriet alles außer Kontrolle. Ich konnte nicht mehr. Vom Helden, der ich so gern sein wollte, keine Spur mehr. Der Kampf schien verloren. Ich wollte nur das Eine: Wieder der Alte sein, aber genau das ging nicht. In dieser Zeit beklagte ich nicht mein schon fortgeschrittenes Alter, sondern wünschte mir das

Pensionsalter herbei. Die folgende Aussage von Ed Sissmann, die ich damals das erste Mal las, sprach mir zutiefst aus der Seele: »Männer über vierzig stehen nachts auf, betrachten die Lichter der Großstadt und fragen sich, welche Weiche sie falsch gestellt haben und warum das Leben so lang ist.«[15]

Ich hatte die Kontrolle verloren, Gott aber entgleitet sie nie. Er macht keine Pause, um zu essen oder zu schlafen. Er muss nicht seine Engel bitten, ihn zu vertreten, weil er müde und abgespannt ist. Er kümmert sich um das Gebet eines Kindes, das seinen Teddybär verloren hat, und spricht zur gleichen Zeit mit einem müden, frustrierten, ängstlichen Pastor, der nicht mehr kann. Er hat alles unter Kontrolle. Er ist der Schöpfer. Allezeit können wir mit allen Christen, zu allen Zeiten, überall auf der Welt bekennen:

»Meine Hilfe kommt vom HERRN, der Himmel und Erde gemacht hat. Er wird deinen Fuß nicht gleiten lassen, und der dich behütet, schläft nicht. Siehe, der Hüter Israels schläft und schlummert nicht.« *(Psalm 121,2-4)*

Ich war in einer seltsamen Situation. In dieser schweren Zeit war ich mir sicherer als je zuvor, dass Gott existiert. Aber ich war mir nicht mehr so sicher, ob er mich auch noch in seiner guten Hand hielt, schützte und leitete. Für mich stellte sich nicht die Frage, ob Gott wirklich ist oder nicht. Ich war mir nicht mehr sicher, was er eigentlich mit mir vorhatte, und hier lag mein Problem.

Auf einmal war ich unsicher, ob die so häufig gehörte Aussage überhaupt stimmt: »Es gibt eine Hand, die mich hält.« Heute bin ich wieder fest davon überzeugt: Es gibt einen Felsen, der niemals wankt. Es gibt eine unveränderliche Wahrheit, der ich vertrauen kann. Es ist Gott selbst, der sich uns in Jesus Christus offenbarte und uns sein Wort schenkte. Er ist ewig und unveränderlich, wie Jesus bestätigt:

»Himmel und Erde werden vergehen; aber meine Worte werden nicht vergehen.« *(Matthäus 24,35)*

---

[15] In: Gordon MacDonald: Sich verändern heißt leben. R. Brockhaus Verlag, Wuppertal 2005

Gott ist absolut verlässlich. Er verändert sich nicht und ist derselbe im Alten und im Neuen Testament. Abraham kannte keinen anderen Gott als wir. Die Unterschiede, die wir wahrnehmen, liegen bei uns. Bei uns Menschen hat sich einiges verändert: Wir wissen heute mehr und haben als Menschheit viel neues Wissen erworben. Für die Gläubigen ist die entscheidende Veränderung: Jesus ist gekommen, Gott hat sich offenbart, die Zeit des Alten Bundes ist erfüllt und abgelöst durch den Neuen Bund. Und so bekennt die Gemeinde durch die Jahrhunderte:

»Jesus Christus gestern und heute und derselbe auch in Ewigkeit.« *(Hebräer 13,8)*

Gott ist treu! Durch meine ganze Verunsicherung während des Burnouts hindurch, durch mein banges Fragen, ob es je wieder so würde, wie es einst gewesen war, drang der Zuspruch der Treue Gottes:

»Sind wir untreu, so bleibt er doch treu; denn er kann sich selbst nicht verleugnen.« *(2. Timotheus 2,13)*

Treue ist ein unumstößlicher Wesenszug Gottes. Er hält zu uns, selbst in Zeiten, in denen wir keinen Gedanken an ihn verschwenden. Er ist da, auch wenn wir uns verraten und verkauft vorkommen. Er steht zu seiner Berufung, die er über uns ausgesprochen hat. Seine Gnade für uns hat kein Ende.

Ich habe mich damals gefragt, ob die Zusage seiner Gnade auch mir gilt. Ob er zu mir hält, auch wenn ich versage. Ich hatte mich in all den Jahren stets stark über meinen Beruf definiert. Ich wollte ein guter Pastor sein. Am Anfang meiner Zeit in Bremen erzählte ich dem Präses von meinen Wünschen und Plänen. Er fragte mich daraufhin: »Und was machst du, wenn die Gemeinde kleiner und nicht größer wird?« Mit der ganzen Unbeschwertheit der frühen Jahre antwortete ich: »Dann gehe ich zurück in meinen alten Beruf.«

Die Gemeinde war nicht kleiner geworden, sondern das erhoffte Wachstum hatte sich eingestellt. Aber das nützte mir nun auch nichts. Ich konnte nicht mehr.

Ich kam mir vor wie Elia, der sich auch auf einmal auf einer Art Abstellgleis wiederfand. Ich spreche jetzt nicht von der Situation, als er unter dem Wacholderstrauch saß, an Depressionen litt und den Tod herbeisehnte. Darauf will ich später noch eingehen. Nein, ich denke, für ihn gab es schon viel früher eine ungewollte Auszeit, die an ihm gezehrt haben muss. Er war ein Prophet mit einem großen Auftrag. Kein Geringerer als der König von Israel und dessen Frau Isebel waren Adressaten seiner Verkündigung. Ihnen sagte er im Auftrag Gottes:

»So wahr der HERR, der Gott Israels, lebt, vor dem ich stehe: Es soll diese Jahre weder Tau noch Regen kommen, ich sage es denn.« *(1. Könige 17,1)*

Das Königspaar war begeistert, Elia wurde mit dem Bundesverdienstkreuz des Staates Israel bedacht und zum Palastgeistlichen ernannt? Von wegen! Wir können die Reaktion des israelitischen Königs und seiner Frau nur ahnen, aber sie muss eindeutig gewesen sein. Elia wurde von Gott sofort aus dem Verkehr gezogen. Zeugenschutzprogramm nennt man das heute.

Gott lässt zu, dass Elia erst einmal tatenlos herumsitzen muss. Ähnliches lässt er auch in unserem Leben zu, und wir fragen uns, wie er sich das leisten kann. Die Menschen, die ihm vertrauen und ihm dienen, sind doch wahrlich nicht in der Überzahl. Elia war sogar der Ansicht, der einzige treue Diener Gottes zu sein, der im ganzen Staat übrig geblieben war.

Gott zieht Elia aus dem Verkehr. Der Grund dafür war ein völlig anderer als bei mir und sicherlich ein anderer als bei Ihnen. Ganz egal, was der Grund ist, manchmal stellt Gott uns aufs Abstellgleis, und er verbindet damit einen guten Plan. Nur leider merken wir das oft erst später.

Hören wir noch einmal, was mit Elia passierte:

»Da kam das Wort des HERRN zu ihm: Geh weg von hier und wende dich nach Osten und verbirg dich am Bach Krit, der zum Jordan fließt. Und du sollst aus dem Bach trinken, und ich habe den Raben geboten, dass sie dich dort versorgen sollen. Er aber ging hin und tat nach dem Wort des HERRN und setzte sich nieder am Bach Krit, der zum Jordan fließt.

Und die Raben brachten ihm Brot und Fleisch des Morgens und des Abends und er trank aus dem Bach. Und es geschah nach einiger Zeit, dass der Bach vertrocknete; denn es war kein Regen im Lande.« *(1. Könige 17,2-7)*

Wenn es so etwas wie eine Grundausbildung Gottes für uns gibt, dann gehört das, was Elia erlebt, unbedingt dazu. Gott kann es sich jederzeit leisten, uns erst einmal zur Seite zu nehmen und uns in der Stille auf den nächsten Abschnitt in unserem Leben vorzubereiten. Wenn wir das nicht aushalten, kann Gott uns nicht weiter führen.

Genauso hatte er es mit Elia gemacht. Er nahm ihn zur Seite! Statt einer Karriere am Königshof als Berater wartete auf Elia ein längerer Aufenthalt an einem kleinen Bach. Das müssen Sie sich einmal vorstellen: Statt Öffentlichkeit und Anerkennung hieß es für ihn Flucht in die Einsamkeit. Dabei hatte Gott ein doppeltes Anliegen: Zum einen schützte er Elia. Denn seine Gegner waren fürchterlich. Von Isebel heißt es:

»Isebel rottete die Propheten des Herrn aus.« *(1. Könige 18,4)*

Die Frau brachte den größten Teil der jüdischen Geistlichkeit einfach um. Deshalb brachte Gott Elia an einen sicheren Ort. Er war dort versorgt, hatte dort zu trinken und zu essen, nur war er völlig aus dem Verkehr gezogen.

So ähnlich hat Gott es auch mit mir gemacht. Er muss uns schützen, vor anderen Menschen, vor den Umständen und nicht zuletzt vor uns selbst. Wir wünschen uns alle, immer gesund zu sein. Wir wollen fit sein und alles machen, was möglich ist. Aber manchmal lässt Gott sehr unangenehme Dinge in unserem Leben zu, damit wir endlich einmal innehalten. Ein Burnout kann eine Möglichkeit sein, wieder auf das Wesentliche zu sehen.

Gott versorgt und schützt uns, das ist das eine. Das andere ist: Gott wollte Elia an der Sache innerlich wachsen lassen. Solche Abenteuer formen unseren Charakter, und der Herr sorgt dafür, dass es uns nicht zu viel wird. Er schenkt uns – auch gegen unseren Willen – Ruhepausen, in denen wir wachsen können.

Wie viele kleine und große Hinweise auf die Fürsorge Gottes habe ich in der Zeit meines Burnouts erlebt. Immer war zur rechten Zeit die richtige Hilfe da. Menschen, Umstände – Gott hatte alles im Griff, und kam niemals zu spät.

So wie Gott den Propheten Elia auf wunderbare Weise mit Brot und Wasser versorgte, so versorgt er auch uns:

»Und die Raben brachten ihm Brot und Fleisch des Morgens und des Abends und er trank aus dem Bach.« *(1. Könige 17,6)*

Wissen Sie, was der Name des kleinen Flusses, Krit, bedeutet? Auf Hebräisch heißt er »cherith«. Das bedeutet »abgeschnitten sein« von etwas oder auch »gefällt sein«, so wie ein Baum. Elia war abgeschnitten, isoliert. Der Sturm aus dem Königshaus hatte die Eiche gefällt. Er war ein Prophet, ein Mann, der im Auftrag Gottes geredet hatte, und dieser Gott konnte es sich leisten, ihn völlig aus dem Verkehr zu ziehen. Gott tat dies, weil er diesen Mann liebte und mit ihm einen Schritt weitergehen wollte. Elia musste erst einmal heraus aus dem Rampenlicht. Am Bach Krit war er nicht im Urlaub, sondern in der Ausbildung. Ein äußerer Anlass – das Wüten der verrückten Königin – wurde zu Gottes Schule im Leben des Propheten.

Gott weiß stets, was wir brauchen. Im Fall von Elia wusste er, wie schwer wir den öffentlichen Auftritt verkraften, wie schnell wir uns etwas einbilden und uns überheben. In der Stille werden wir vorbereitet. Es ist bestimmt nicht leicht, das zu akzeptieren. Solch eine Zeit kommt uns wie verlorene Zeit vor. Und doch ist es eine wertvolle Zeit und war es auch bei mir.

Wenn Sie den Himmel erobern wollen, wenn Sie sich dem Kampf stellen und das Abenteuer lieben, wenn Gott Sie für einen bestimmten Dienst erwählt hat und Sie ja zu diesem Dienst sagen, dann gehört dazu auch die entsprechende Ausbildung. Und dazu gehören auch Zeiten der Stille. Graf Zinzendorf, der Begründer der Brüdergemeine, hat das in einem Lied so ausgedrückt: »Gottes Führung fordert Stille. Wo man auf sein Wort nicht lauscht, wird des ewgen Vaters Wille mit der eignen Wahl vertauscht.«[16]

Für Elia lag Gottes Schule an einem kleinen, einsamen Fluss. Und dort bestand sie zunächst in einer langen Zeit des Wartens, ganz allein. Nur der Besuch der Raben unterbrach die tägliche Routine. Keine Menschen, kein Auftrag, keine Unterhaltung –

---

[16] Gemeindelieder. Bundes-Verlag, Witten 1988

wie lange hält ein Mensch das aus? Wie oft hat Elia wohl um Erlösung gebeten? Wie sehr hat er sich nach Verwandten und Freunden gesehnt? Immer länger wurden die täglichen Selbstgespräche. Gott muss dem ein Ende machen, denken wir. Und zwar schnell! Aber, was passierte dann? Das Wasser versiegte! Erst wurde es weniger, dann war es nur noch ein Rinnsal, und schließlich lag die Bleibe des Propheten an einem von der Sonne ausgetrockneten Flussbett. Die angekündigte Dürre war eingetroffen. Elia hatte nichts mehr zu trinken. Er saß auf dem Trockenen!

Kommt Ihnen das bekannt vor? Zeiten der Dürre in Ihrem Leben? Und Gott setzt noch eins drauf: Es wird nicht besser, sondern eher noch schlechter. Bittere Stunden nach schwierigen Tagen. Es war doch an der Zeit, dass alles wieder gut würde, aber dann passierte das. Was nun?

Die Kündigung liegt auf dem Tisch. Sie müssen Ihre Gemeinde, Ihre Freunde verlassen und in eine andere Stadt ziehen, und dann wird noch eins der Kinder krank. Was nun? Sie haben studiert, einen guten Abschluss gemacht, und jetzt will Sie keiner haben. Das Geld wird knapp. Ausgerechnet jetzt bauen Sie mit Ihrem Wagen einen Unfall. Was nun? Ihre Ehe ist schwierig geworden. Ihre Frau erklärt Ihnen, dass sie Sie nicht mehr liebt. Sie will die Scheidung. Und Sie entdecken verwundert, dass die neue Arbeitskollegin mit Ihnen flirtet. Was nun? Sie sehnen sich nach einer Beziehung. Der letzte Versuch war vielversprechend, aber dann hat er aus heiterem Himmel alles hingeschmissen. Wenige Tage später sehen Sie ihn mit einer anderen Frau Hand in Hand die Straße entlanggehen. Was nun?

Dürre Zeiten. Der Bach ist ausgetrocknet. Alles, was Sie geglaubt und bezeugt haben, scheint umsonst gewesen zu sein. Manchmal haben Sie das Gefühl, dass Gott gar nicht mehr zuhört. Ich bin sicher: Er ist da, und die Zeit gehört zu Ihrer Ausbildung. Jede Krise hat beide Möglichkeiten in sich: Chance auf einen Neuanfang oder Aufgabe, Sieg oder Niederlage.

Kennen Sie die Biografie von John Bunyan, dem Verfasser der »Pilgerreise«? Bunyan war eigentlich kein Schriftsteller, er war Pastor. Mutig hatte er gegen die Gottlosigkeit seiner Zeit gepredigt und Sünde beim Namen genannt. Dafür hatten die Behörden ihn für lange Zeit ins Gefängnis geworfen. Aber genau diese Zeit wurde ihm zum Segen. Weil Bunyan an Gott festhielt, verwandelte sich das Gefängnis in einen Ort der Anbetung. Im Gefängnis schrieb er die Pilgerreise, das wohl meistgelesene christliche Buch nach der Bibel.

Elia musste schließlich den Bach verlassen, weil kein Wasser mehr da war. »Auch das noch!«, denken wir. »Reicht es nicht? Was kommt denn noch?«

»Da sagte der Herr zu Elia: Geh nach Phönizien in die Stadt Zarpat, und bleib dort! Ich habe einer Witwe den Auftrag gegeben, dich zu versorgen. Sogleich machte Elia sich auf den Weg. Am Stadtrand von Zarpat traf er eine Witwe, die gerade Holz sammelte. Er bat sie um einen Becher Wasser. Als sie davoneilte und das Wasser holen wollte, rief er ihr nach: Bring mir bitte auch ein Stück Brot mit!« *(1. Könige 17,8-11)*

Der Name der Stadt, »Zarpat« oder »Zarepta«, kommt von einem hebräischen Verb, das so viel bedeutet wie »schmelzen«, »einschmelzen«. Das dazugehörige Hauptwort bedeutet »Schmelzofen«. Das hat eine gewisse Ironie: Elia kommt vom Regen in die Traufe, von der Wüste in den Schmelzofen. Was denkt sich unser guter Herr dabei?

Ja, was denkt Gott sich dabei? Das war während meines Zusammenbruchs die bestimmende Frage. Ich fühlte mich in die Enge getrieben. Gott nahm mich aus meiner Arbeit heraus. Nach meiner Überzeugung hätte nun nach spätestens vier Wochen alles wieder gut sein müssen. Doch damit lag ich leider falsch. Da ging es erst richtig los. Als der behandelnde Arzt nach vier Wochen Kur über eine zu erwartende Auszeit von einem halben Jahr sprach, ging für mich die Welt unter. Das war zu schrecklich, um wahr zu sein. Das konnte ich nicht glauben.

Warum erst Krit und dann Zarpat? Warum dauert die Dürre so lange? Weil Gott seinen Propheten kannte, weil er wusste, welche Herausforderungen auf den Mann noch zukommen sollten. Und darauf bereitete er ihn vor. Stille und Herausforderung, abgeschnitten und eingeschmolzen.

In unseren Gottesdiensten singen wir hin und wieder das Lied: »Feuer, des Herrn, danach verlangt mein Herz. Mach mich rein, heilig, dir allein will ich folgen, mein Meister, und deinen Willen tun.« Wollen wir das wirklich? Ich glaube, dass Gott sich über so eine Bitte freut, wenn sie von Herzen kommt. Aber wir sollten sie nicht leichtfertig singen! Wenn wir Jesus besser kennen lernen, wenn wir lange schon mit Gott unterwegs sind, dann stellen wir fest, dass es Zeiten gibt, da kommt es richtig dicke. Dann fühlen wir uns wie in einem Schmelzofen. Es sind aber auch die Zeiten, in denen Gott uns besonders begegnet und uns geistlich wachsen lässt.

Er lässt uns nicht aus den Augen. Er verliert uns nicht. Gott weiß immer, wo wir sind. Er wusste, wo Elia war, und redete zu ihm!

»Da kam das Wort des HERRN zu ihm!« *(1. Könige 17,8)*

Gott weiß, wo Sie sind, immer und überall. Auf den Zentimeter genau, besser als jedes GPS. Wenn alles verloren erscheint, wenn Sie sich isoliert fühlen und das Leid über Ihre Kräfte geht, wenn Sie drauf und dran sind, in unsäglichem Selbstmitleid zu ertrinken, dann schlagen Sie das Wort Gottes auf:

»Fürchte dich nicht, ich bin mit dir; weiche nicht, denn ich bin dein Gott. Ich stärke dich, ich helfe dir auch, ich halte dich durch die rechte Hand meiner Gerechtigkeit. *(Jesaja 41,10)*

Gott wusste, wo sich Elia befand. Keinen Augenblick war der Prophet allein. Elia sollte nach Zarpat gehen, einer kleinen Stadt bei Sidon an der Mittelmeerküste. Ungefähr 160 Kilometer Fußmarsch lagen vor ihm durch das Land des Königs, der eine Belohnung auf seinen Kopf ausgesetzt hatte. In Zarpat würde eine Witwe auf ihn warten. Sie wusste nichts von ihm und er nichts von ihr. Elia würde sie nicht heiraten, aber sie würde ihn versorgen.

Gott bereitete alles so vor, dass sich diese beiden Menschen begegneten. Für sie und ihren Sohn bedeutete das Zusammentreffen die Rettung vor dem Hungerstod. Für den Propheten war es eine geistliche Herausforderung, die ihn auf größere Aufgaben vorbereitete.

Elia ging nach Zarpat. Nach 160 Kilometern Fußmarsch kam er dort an, erschöpft und wahrscheinlich fast verdurstet und verhungert. Als er den Ort erreichte, sprach er die erstbeste Frau an, eben diese Witwe, und bat sie um etwas zu trinken und zu essen. Darauf antwortete die Frau:

»Ich habe keinen Krümel Brot mehr, sondern nur noch eine Hand voll Mehl im Topf und ein paar Tropfen Öl im Krug. Das schwöre ich bei dem Herrn, deinem Gott. Gerade habe ich einige Holzscheite gesammelt. Ich will nun nach Hause gehen und die letzte Mahlzeit für mich und meinen Sohn zubereiten. Danach werden wir wohl verhungern.« *(1. Könige 17,12)*

Willkommen in Zarpat, lieber Elia! Keine Angst, du wirst nicht verdursten, aber dafür verhungern! Seltsam, was Gott ihm, was er uns manchmal zumutet! Wie er uns vorbereitet, welche Herausforderungen er zulässt, um uns geistlich wachsen zu lassen.

Kurz vor meinem Theologiestudium habe ich ein Gemeindepraktikum in Süddeutschland absolviert. Ich bin mit meinem alten Käfer dorthin gefahren – alles klappte prima. Doch nach ein paar Tagen bekam ich plötzlich Fieber, und am Abend wurde ich als Notfall ins Krankenhaus eingeliefert: Blinddarmentzündung. Der Blinddarm wurde entfernt, und nach einer Woche wurde ich entlassen.

Ich saß schon fertig angezogen im Wartezimmer und sollte abgeholt werden, aber eigentlich fühlte ich mich überhaupt nicht gut. Wie sich herausstellte, hatte ich wieder hohes Fieber. Noch zweimal musste ich operiert werden. Vier Wochen verbrachte ich im Krankenhaus. Eigentlich hatte ich eine ganz andere Vorstellung von Gottes Fürsorge gehabt. Ich hatte erwartet, dass er mich besser einsetzt als in einem Krankenhausbett. Seltsam, was Gott uns manchmal zumutet. Zu meinem Gemeindepraktikum gehörte offensichtlich auch dieser Teil der Ausbildung.

Wie reagierte Elia auf die Situation? Vorbildlich, voll Vertrauen auf Gott:

»Elia tröstete sie: ›Hab keine Angst, so weit wird es nicht kommen! Geh nur und tu, was du dir vorgenommen hast! Aber back zuerst für mich einen kleinen Brotfladen, und bring ihn mir heraus! Nachher kannst du für dich und deinen Sohn etwas zubereiten.« *(1. Könige 17,13)*

Stellen Sie sich die Situation vor! Da stand vor dieser armen Frau der staubige Bruder von der Landstraße und sagte:»Frau, geh nach Hause und back uns ein paar herrliche Pfannkuchen. Erst welche für mich – ich habe echt Hunger – und dann welche für dich und deinen Sohn.« Die arme Frau musste an ihrem oder seinem Verstand gezweifelt haben – oder an beidem! Aber dann kommen sie – Worte des Glaubens, Worte echter Gottesnähe. Elia sagte zu der Frau:

»Denn der Herr, der Gott Israels, verspricht dir: ›Das Mehl in deinem Topf soll nicht ausgehen und das Öl in deinem Krug nicht weniger werden, bis ich, der Herr, es wieder regnen lasse.‹« *(1. Könige 17,14)*

Wenn ich das lese, steigt in mir eine tiefe Sehnsucht nach der Nähe Gottes auf. Ein Mann des Glaubens möchte ich sein. Gottes Stimme hören und ihm vertrauen in jeder Lage, das will ich. Es kam nämlich so, wie Elia es angekündigt hatte. Die Frau ging nach Hause, backte die Brotfladen, und über eine lange Zeit hatten sie, ihr Sohn und der fremde Gast genug zu essen. Der kurze Satz ist fast zum Sprichwort geworden, Zuspruch für unzählige Menschen in ähnlichen Situationen: »Mehl und Öl gingen nicht aus!« Zarpat wurde für Elia zur Feuerprobe, und er bestand sie.

Aus diesem Lehrstück der Bibel ergeben sich für uns ein paar wichtige Lektionen, die wir lernen sollten. Die erste ist: Gottes Führung überrascht uns immer wieder. Mit Sicherheit werden wir die Wege, die Gott uns führt, nicht immer gleich verstehen. Elia hätte sich nicht den Bach Krit ausgesucht, und er wäre auch nicht 160 Kilometer nach Zarpat gelaufen. Gott führte ihn, und er hatte keine Ahnung, was das werden sollte.

Gottes Führung erscheint uns manchmal geradezu unlogisch. Wir sehen keinen Sinn dahinter und haben uns unser Leben oft ganz anders vorgestellt. Erst später sieht man den Sinn hinter dem Ganzen, oder auch nicht. Manche von Gottes Wegen werden wir in diesem Leben nie ganz verstehen. Sie bleiben ein ganzes Leben lang ein Geheimnis. Erst wenn wir Gott sehen, von Angesicht zu Angesicht, werden wir seinen Plan wirklich durchschauen.

Noch etwas müssen wir aus dieser Geschichte lernen: Gib niemals auf! Am schlimmsten ist es immer, wenn uns schwere Zeiten überraschend treffen. Der Tag fing so gut an, und dann, plötzlich, wie aus heiterem Himmel, kommt der Anruf, steht der Mann vor der Tür, flattert uns der Brief ins Haus, oder wir erhalten die Diagnose der ärztlichen Untersuchung. In so einem Augenblick gilt: Gib nicht auf! In solchen Augenblicken will die Panik uns beherrschen. Wir sind bereit, alles hinzuschmeißen. Die Welt bricht für uns zusammen, und wir wollen es ihr gleichtun. Wir sehen kein Land mehr. Aber es gilt: Gib nicht auf, denn der Eindruck trügt. Gott lässt uns niemals aus den Augen. In der Einöde am Bach Krit versorgte er Elia, während überall im Lande die Leute an Hunger starben. Die bettelarme Witwe in Zarpat, die selbst nichts mehr hatte, wurde für den Propheten zur leibhaftigen Ermutigung. Geben Sie nicht auf! Gott hat einen Weg für Sie!

Noch etwas lernen wir aus dieser alttestamentlichen Geschichte. Mit Elia sollen wir lernen, Gott zu gehorchen. Wir sollen ihm aufs Wort glauben und tun, was er will. Gott sagte: »Elia, steh auf und geh!« – und genau das tat Elia! Der Prophet forderte die Witwe auf: »Frau, geh nach Hause und back uns ein paar herrliche Pfannkuchen!« – und die Frau tat es! Alle Verheißungen Gottes sind an diese Bedingung geknüpft. Sie gehen nur in Erfüllung, wenn wir diesem großen Gott vertrauen und seinem Wort gehorchen.

Schließlich lernen wir aus dieser großartigen Geschichte von Elia: Gottes Fürsorge deckt oft nur das Nötigste. Das reicht, und wir sollten nicht vergessen ihm dafür zu danken.

Haben Sie sich auch schon mal gefragt, warum Gott Sie nicht im Lotto gewinnen lässt? Sie sind Christ, Sie beten, Sie nehmen sich vor, mit dem Geld verantwortungsbewusst umzugehen. Warum lässt Gott Sie nicht gewinnen? Warum träumen Sie nicht von den richtigen Zahlen, die Sie dann nur noch eintragen müssen? Warum führt er nicht Ihre Hand, wenn Sie Ihre Kreuze machen? Letzte Woche waren 23 Millionen im Jackpot. Unsere Gemeinde baut. Unser Rechnungsführer könnte doch gewinnen. Dann könnten wir das Bauvorhaben komplett finanzieren, unserem Missionar in Rom würden wir ein Gemeindehaus bauen, von dem er schon so lange träumt, und mir, mir würde die Gemeinde vielleicht ein Ferienhaus in Schweden kaufen. So als Bonus nach den vielen Jahren. Man gönnt sich ja sonst nichts!

Das ist nicht die Art Gottes! Er will, dass wir in den Himmel kommen, nicht, dass wir es uns auf dieser Erde zu schön einrichten und darüber den Himmel vergessen. Gott ist entschlossen, seine Heiligen zu vollenden. Er nimmt uns heraus, er mutet uns die Feuerglut der Bewährung zu – aber er tut es aus Liebe, ganz bestimmt. Charles Swindoll schreibt:»Sobald Gott in Ihnen sein Ebenbild klar widerspiegeln sieht, holt er Sie aus dem Hochofen, lässt Sie abkühlen, und dann sind Sie bereit für die nächsten Ereignisse, die er für Sie vorgesehen hat.«[17]

Gott mutet uns einiges zu, und manchmal fällt es uns schwer, dahinter seine guten Absichten zu entdecken. Wie gerne würden wir mit Gott einen Handel abschließen: Ich gebe dir mein Leben, und du garantierst mir dafür Glück und Gelingen auf allen meinen Wegen. Schwere Wege lassen uns an der Liebe Gottes zweifeln.

Aber Gottes Liebe ist grenzenlos und ewig! Jesus liebt uns, wie ein Bräutigam seine Braut. Für immer und grenzenlos. Ich fasse es nicht! Kann es sein, dass seine Gnade mal nicht mehr reicht? Niemals. Eine Missionarin aus Tansania erzählte, wie sie bei Dienstantritt einem afrikanischen Pastor begegnete. Als sie ihm »Guten Morgen« zurief, fragte er sie:»Loben Sie heute Morgen den Herrn, Schwester?« Etwas betreten antwortete sie:»Nein, heute Morgen nicht. Ich bin heute Morgen ausgeflippt und habe mein Haus sehr zornig verlassen.« Daraufhin antwortete ihr der Afrikaner:»Hat das Blut Jesu seine Macht verloren?« Und dann ging er still weiter.

Sicherlich, es verändert sich alles. In einem Augenblick kann uns all das, was wir so sicher glaubten, genommen werden. Doch

---

[17] Charles Swindoll: Elia. Hänssler Verlag, Holzgerlingen 2003

unser Gott ändert sich nicht. Er hat ein Versprechen gegeben und steht dazu:

»Gott ist nicht ein Mensch, dass er lüge, noch ein Menschenkind, dass ihn etwas gereue. Sollte er etwas sagen und nicht tun? Sollte er etwas reden und nicht halten?« *(4. Mose 23,19)*

Gott ist niemals unzufrieden oder mürrisch. Er ist derselbe, in all den Jahren, bis in Ewigkeit. Er hält, was er verspricht! Auf ihn können wir bauen, allezeit.

Und das ist der Unterschied zu uns und unseren Sicherheiten. Hier ist nichts von Dauer. Alles verändert sich. Wir verändern uns, und die Umstände verändern sich. Das Auto geht kaputt. Der gute alte Toaster funktioniert nicht mehr. Eine Brücke, die jahrzehntelang hielt, stürzt auf einmal ein. Fachleute sprechen dann von Materialermüdung.

Materialermüdung – so kann man das auch nennen, was mir passiert ist. Auf einmal ging nichts mehr. Meine Begeisterung war dahin. Ich hatte einfach keine Kraft mehr.

Es gab Menschen, die mich verstanden, mir auf unendlich liebevolle Weise ihre Anteilnahme bekundeten. Das tat gut und half mir. Nie werde ich vergessen, wie ein eher kantiger und rauer Typ aus unserer Gemeinde auf mich zukam und mich geradezu zärtlich in die Arme nahm. Es gab aber auch Menschen, die überhaupt nicht verstehen konnten, wie mir so etwas passieren konnte. Wie viele unserer ehrenamtlichen Mitarbeiter bringen sich zusätzlich zu ihrer Arbeit viele Stunden in der Woche in die Gemeindearbeit ein. Wie viele Menschen haben ganz andere Probleme zu bewältigen als ich. Jahrelang war ich eine verlässliche Größe gewesen, hatte immer funktioniert, war so gut wie nie krank gewesen. Und dann das! Und gleich so lange. Ich verstand es ja selbst nicht, wie sollten andere es verstehen!

Einer einzigen Sache war ich mir während meines Burnouts wirklich sicher: An Gottes Existenz gab es keinen Zweifel. Viele Jahre hatte ich immer mal wieder mit der Frage zu kämpfen: Was ist, wenn das alles nicht stimmt? Was ist, wenn wir mit unserer evangelikalen Frömmigkeit die Wirklichkeit ebenso verfehlen wie alle anderen auch und die Wahrheit ganz anders ist? Schon als

Theologiestudent diskutierte ich diese Frage mit einem Professor, und er gab unumwunden zu, dass es auch in seinem Leben Momente gäbe, in denen er alles in Frage stellte. Unser Glaube ist nicht luftdicht verpackt. Wir haben keine letzte Sicherheit. Wir leben im Glauben und müssen das Schauen noch ein wenig vertagen.

Während meines Burnouts war die Existenz Gottes für mich jedoch keine Frage mehr. Probleme hatte ich nur mit der Art und Weise, wie er mich führte und was er mir zumutete. Erst mit der Zeit konnte ich ja sagen zu seinem Weg. Ich merkte: Ich musste lernen zu vertrauen. »Loslassen« hieß das alte und doch hochaktuelle Wort. Gottes Plan erfüllt sich. Er ist der feste Grund, der absolut sichere Halt.

Ich weiß nicht, in welcher Situation Sie sich befinden. Vor einiger Zeit schrieb mir jemand, den ich sehr schätze: »Zurzeit habe ich mit meinem Glauben große Probleme. Ich habe grundlegende Fragen. Bevor ich wieder irgendwo in der Gemeinde mitarbeite, möchte ich Jesus wirklich ganz neu erleben.« Vielleicht geht es Ihnen ähnlich. Vielleicht nehmen Sie es auch so wahr: Sie sind nicht mehr so nahe dran. Wo ist sie geblieben, die Begeisterung der ersten Jahre, die erste Liebe, die Leichtigkeit der frühen Nachfolge? Es sind schlimme Dinge passiert. Sie fühlen sich überfordert und ausgebrannt. Sie haben solche Mühe, Gottes Führung in Ihrem Leben zu erkennen. Geben Sie nicht auf. Gott ist treu. Das mag im Moment für Sie nicht erkennbar sein, aber es stimmt. Er ist treu und seine Wege mit uns sind gute Wege.

Kapitel 5

Was ich ganz tief glaube, ist Folgendes: Wenn Gott uns in ein Leben größerer Fülle hineinführen will – und er will es! –, geht es gewöhnlich nicht gradlinig, sanft bergauf, sondern es geht durch Brüche, durch Zerbruch hindurch.

WOLFRAM KOPFERMANN

Höre, Israel, der HERR ist unser Gott, der HERR allein.

5. MOSE 6,4

Ich sprach wohl in meinem Zagen: Ich bin von deinen Augen verstoßen.

PSALM 31,23

Die bittere Erfahrung der Niederlage – nichts geht mehr

Wann immer ich die Geschichte von David gelesen habe, von seinem Kampf gegen Goliath, hat mich die Frage beschäftigt: Was wäre, wenn der Stein nicht getroffen hätte? Was wäre aus David geworden? Wir hätten es wohl nie erfahren. Seine Geschichte wäre kurz und unspektakulär verlaufen: gefallen auf dem Feld der Ehre, ein Kriegstoter mehr im Jahre 1000 vor Christus. Aber der Stein traf, der Riese fiel tot um! So werden Helden geboren, in dem Ringen um Sieg oder Niederlage. Es wird nie leicht und immer mit der Gefahr verbunden sein, dass es auch schlecht ausgehen kann. Geschichte wird da geschrieben, wo Männer und Frauen Gottes sich ihrer Verantwortung stellen und im tiefen Vertrauen auf Gottes Hilfe den nächsten Schritt wagen.

So war es auch bei einem jüdischen Beamten eine lange Zeit nach David, dem die Sorge um seine verlorene Heimat den Schlaf raubte. Zu der Zeit lag die Stadtmauer Jerusalems in Schutt und Asche. Nehemia konnte diesen Zustand nicht ertragen und baute sie mit seinen Leuten wieder auf. Dabei trug er ein hohes Risiko:

Wären die feindseligen Nachbarvölker nur ein wenig entschlossener gewesen, dann wäre Jerusalem eine Ruine geblieben und vielleicht heute eine Ausgrabungsstätte, die Menschen aus aller Welt aus geschichtlichem Interesse besuchen würden. Keiner von uns hätte je etwas von Nehemia gehört.

Und erinnern wir uns noch einmal an Elia. Fast drei Jahre hatte Gott ihm eine Zwangspause auferlegt. Drei Jahre Stille statt Aktion! Wie oft muss Elia in dieser Zeit gedacht haben: »Habe ich mich geirrt? Ist das wirklich Gottes Weg? Was, um alles in der Welt, mache ich hier am Bach Krit, was in Zarpat, wenn draußen die Welt brennt?« Doch dann, endlich, nach drei langen Jahren sprach Gott wieder zu ihm:

»Nach einer langen Zeit kam das Wort des HERRN zu Elia, im dritten Jahr: ›Geh hin und zeige dich Ahab, denn ich will regnen lassen auf die Erde.‹ Und Elia ging hin, um sich Ahab zu zeigen. Und Ahab ging hin Elia entgegen. Und als Ahab Elia sah, sprach Ahab zu ihm: ›Bist du nun da, der Israel ins Unglück stürzt?‹« *(1. Könige 18,1-2.16-17)*

Die Zeit des Wartens und der ungelösten Fragen war vorbei. Endlich ging es los und dann gleich hinein in den Brennpunkt des Geschehens. Elia besuchte den König, und der gab seiner Feindseligkeit sofort Ausdruck: »Bist du nun da, der Israel ins Unglück stürzt?« Das war ja eine wirklich freundliche Begrüßung: Der Bote Gottes wurde als Unglück Israels bezeichnet. Für den König stellte es sich so dar! Das Land war zur Wüste geworden. Überall lagen die Skelette verdursteter Tiere. Der Gestank des Todes lag über dem Land. Daran war Elia schuld, das stand für den König außer Frage. Ahab hatte jedoch eins übersehen, aber das stellte der Prophet richtig:

»Nicht ich stürze Israel ins Unglück, sondern du und deines Vaters Haus dadurch, dass ihr des HERRN Gebote verlassen habt und wandelt den Baalen nach.« *(1. Könige 18,18)*

Die Einschätzung der Lage des Königs gegen die Predigt des Elia – wer hatte Recht? Was dann geschah, ist wohl eine der spannendsten Geschichten in der Bibel. Elia suchte den ultimativen Kampf, und ganz Israel sollte dabei sein. Elia forderte vierhundertfünfzig Propheten Baals und vierhundert Propheten der Aschera, alle in Diensten der Königin, zu einer Art »Wettstreit der Götter« auf dem Berg Karmel heraus. Die heidnischen Priester nahmen die Herausforderung an. Ganz Israel, jeder, der gut zu Fuß war, kam zum Karmel. Noch heute kann man sich die riesige Eliastatue am Karmel anschauen, die an dieses Ereignis erinnert.

Vierhundertfünfzig Propheten Baals, Götzendiener, die ein ganzes Volk verführt hatten. Vierhundert Propheten der Aschera, Götzendiener aus dem Heimatland der Königin. Auf der einen Seite stand die gesamte politische Macht, das Volk und die hohe Geistlichkeit, auf der anderen Seite stand ein einziger Mann: Elia, der Prophet.

Elia war wirklich ein Held. Ein Mann aus einem kleinen Ort, den wir heute nicht einmal mehr genau lokalisieren können. Er hatte nicht nach einer Gelegenheit gesucht, um sich hervorzutun. Gott hatte ihn berufen, und dies war sein Weg.

Auf dem Karmel sollte es sich entscheiden: Wer ist der wahre Gott? Wer hat die Macht? Elia trat vor das Volk und predigte mit allem Eifer, sehr ernst und eindringlich:

»›Wie lange hinkt ihr auf beiden Seiten? Ist der HERR Gott, so wandelt ihm nach, ist's aber Baal, so wandelt ihm nach.‹ Und das Volk antwortete ihm nichts.« *(1. Könige 18,21)*

Elia fragte das Volk: »Leute, was wollt ihr? Auf Gott setzen oder euren Götzen nachfolgen? Beides geht nicht!« Seltsam: Das Volk sagte kein Wort. Es hatte ihnen die Sprache verschlagen. Alle waren still, keiner antwortete. Gottes Wort wurde auf dem Karmel gepredigt.

Dann kam das große Finale, der entscheidende Augenblick, Gottes Stunde: Elia ließ zwei Altäre bauen, Steinhaufen, auf denen Opfer gebracht wurden. Auf dem ersten sollten die 850 heidnischen Priester ihr Opfer bringen. Sie sollten Holz aufschichten, einen Opferstier zerstückeln und die Fleischteile auf den Altar legen. Aber entzünden sollten sie das Opfer noch nicht. Auf dem zweiten Altar wollte Elia dem lebendigen Gott opfern. Als alle Vorbereitungen getroffen waren, sagte Elia zu seinen Gegnern:

»Und ruft ihr den Namen eures Gottes an, aber ich will den

Namen des HERRN anrufen. Welcher Gott nun mit Feuer antworten wird, der ist wahrhaftig Gott.« *(1. Könige 18,24)*

Das Volk war begeistert: Das war doch mal was anderes, besser als Wagenrennen oder Theater. Das war aufregend, und alle warteten gespannt, was geschehen würde. Stellen Sie sich die Situation vor: der Altar, das Holz, die blutigen Fleischstücke, aber noch kein Feuer. Die beiden Parteien wollten jeweils ihren Gott anrufen, damit der seine Macht bewies und das Feuer entzündete. Wer würde »gewinnen«?

Das erinnert mich an die Geschichte von Bonifazius, auch der »Apostel der Deutschen« genannt, im Sachsenwald. Im Jahre 723 kam es zur Machtprobe der Götter, als er die »Donareiche« fällte, einen Baum, der als Heiligtum des Gottes Donar verehrt wurde. Damals wurden die Weichen für die Mission der nordeuropäischen Völker gestellt. Auch heute noch kommt es immer wieder zu Kämpfen zwischen dem lebendigen Gott und der großen Anzahl falscher Götter. So kam einmal eine junge Frau zu mir. Als sie vor mir saß, zeigte sie mir ihre Hände: Sie waren mit einer ganzen Anzahl Warzen bedeckt. Die Frau hatte einen Arzt aufgesucht, und der hatte ihr empfohlen, die Warzen besprechen zu lassen. Sie sollte eine dieser geheimnisvollen Frauen aufsuchen. Die würde ihr helfen können. Jetzt war ich gefordert. Die Frau mit ein paar tröstenden Worten abspeisen, war unangemessen. Es galt, sich dem geistlichen Kampf zu stellen und nicht zu kneifen. Also beteten wir, und ich bat Gott um Heilung. Einige Tage später meldete sie sich wieder. Die Warzen waren verschwunden. Der Kampf war gewonnen.

Aber was war das verglichen mit der Situation, in der Elia steckte. Welcher Gott war stärker? Welcher Gott war der wahre Gott? Jetzt galt es. Die Propheten eröffneten den Reigen:

»Sie schlachteten ihren Stier und bereiteten ihn für das Opfer zu. Dann begannen sie zu beten. Vom Morgen bis zum Mittag riefen sie ununterbrochen: ›Baal, Baal, antworte uns doch!‹ Sie tanzten um den Altar, den man für das Opfer errichtet hatte. Aber nichts geschah, es blieb still. Als es Mittag wurde, begann Elia zu spotten: ›Ihr müsst lauter rufen, wenn euer großer Gott es hören soll! Bestimmt ist er gerade in Gedanken versunken, oder er musste mal austreten. Oder ist er etwa verreist? Vielleicht schläft er sogar noch, dann müsst ihr ihn eben aufwecken!‹ Da schrien sie, so laut sie konnten, und ritzten sich nach ihrem Brauch mit Messern und Speeren die Haut auf, bis das Blut an ihnen herunterlief. Am Nachmittag schließlich gerieten sie vollends in Ekstase. Dieser Zustand dauerte bis gegen Abend an. Aber nichts geschah, keine Antwort, kein Laut, nichts.« *(1. Könige 18,26-29)*

Da fragt Elia die Priester doch tatsächlich, ob ihr Gott vielleicht auf Toilette sei! Viele Ausleger sehen in der hebräischen Formulierung »oder er hat zu schaffen« eine Umschreibung für ein ganz menschliches Bedürfnis. Elia stand da, vielleicht an einen Baum gelehnt, mit verschränkten Armen und schaute sich das Spektakel an. Er hatte keinen Respekt, nur abgrundtiefe Verachtung für den ganzen abergläubischen Rummel. Was unternahmen die 850 Priester nicht alles, um ihre Götter gnädig zu stimmen. Sie tanzten sich in Ekstase, schrien immer lauter, ritzten sich mit Messern – und nichts geschah.

Dann war Elia an der Reihe: Der zweite Altar wurde gebaut. Steine und Holz wurden aufgeschichtet, und dann wurde das Fleisch draufgelegt. Alles war so wie bei den Baals-Priestern, aber Elia setzte noch einen drauf. Er ließ Wasser heranschaffen. Eimerweise, eigentlich fässerweise, ließ er vier Mal Wasser über den Altar gießen, bis sogar der Graben um die Opferstätte damit gefüllt war.

Jetzt war es an Elia zu beten. Wie machte er das? Wie lange betete er? Die heidnischen Priester waren damit einen ganzen Tag lang beschäftigt gewesen und lagen jetzt völlig erschöpft am Boden.

Wie betete dagegen Elia? Nun, sehr schlicht und ziemlich kurz, einfach so:

»Herr, du Gott Abrahams, Isaaks und Israels! Heute sollen alle erkennen, dass du allein der Gott unseres Volkes bist. Jeder soll sehen, dass ich dir diene und dies alles nur auf deinen Befehl hin getan habe. Erhöre mein Gebet, Herr! Antworte mir, damit dieses Volk endlich einsieht, dass du, Herr, der wahre Gott bist und sie wieder dazu bringen willst, dir allein zu dienen.« *(1. Könige 18,36-37)*

Und damit war er fertig! Elia schloss mit einem »Amen«, und dann passierte es, einfach so: Feuer fiel vom Himmel, Feuer des Herrn! Als die Israeliten das sahen, warfen sie sich zu Boden und riefen: »Der Herr allein ist Gott! Der Herr allein ist Gott!« Jetzt konnten sie plötzlich wieder sprechen. Über dem Karmel ertönte das alte Glaubensbekenntnis aus einer Zeit, als Israel noch Gott vertraute, das Sch'ma Israel:

»Höre, Israel, der HERR ist unser Gott, der HERR allein.« *(5. Mose 6,4)*

Mich begeistert diese Geschichte. Was für ein Mann, dieser Elia! Den warf aber auch gar nichts um. Mit achthundertfünfzig feindlichen Priestern hatte er sich angelegt und gewonnen. Feuer kam vom Himmel, und wenig später fiel nach drei Jahren Dürre tatsächlich auch noch der lang ersehnte Regen. Der Mann war unbesiegbar!

Ist das so? Sind die Helden der Bibel, allen voran Elia, die strahlenden Sieger, denen alles gelingt, Ritter ohne Furcht und Tadel? Wohl eher nicht, wie wir bei näherem Hinsehen feststellen. Mit den strahlenden Helden aus meiner Kinderzeit haben die Männer und Frauen der Bibel wenig gemeinsam. Sie sind schwach und oft voller Zweifel. Sie sind echt. Vielleicht hat mich deshalb die Geschichte des kleinen Frodo aus »Herr der Ringe« so berührt. Die Aufgabe, die man ihm zumutet, ist einige Nummern zu groß. Die Übermacht ist erdrückend, und der beschwerliche Weg bis zur Vernichtung des unseligen Ringes ist eigentlich unzumutbar. Frodo reitet nicht siegreich auf einem Pferd von Sieg zu Sieg, sondern schleppt sich so mühsam ans Ziel, dass man als Zuschauer denkt: »Jetzt reicht's aber! Wie kann das Schicksal von Mittelerde von einem kleinen Hobbit abhängen?! Warum kehrt er nicht einfach um und geht zurück ins grüne Auenland? Warum ausgerechnet er? Warum tut er sich das an, oder besser, wie konnten ihm Gandalf und seine Gefährten so etwas zumuten?«

Die Antwort auf diese Fragen ist einfach und einleuchtend: Frodo muss diese unerträgliche Aufgabe erfüllen, weil er der Berufene ist. Nur er kann den Auftrag ausführen. Von seinem Erfolg hängt es ab, ob dieses wunderschöne Auenland überhaupt weiter existieren wird. Der kleine Kerl ist berufen und tut, was er tun muss.

Sie können sich immer wieder dagegen sträuben, was Gott Ihnen zumutet. Oft erscheint unsere Situation ungerecht. Es ist einfach zu viel, und Ihre Lage überfordert Sie. Sie wollen raus, irgendwo eine kleine Rolle spielen und nur einfach Ruhe haben. Aber Sie wissen auch, dass es Ihr Weg ist. Es gibt Dinge, die erspart Gott Ihnen nicht. Dabei geht es nicht immer um den großen Auftrag, nicht immer um die alles entscheidende Schlacht. Manchmal ist es nur seine liebevolle Korrektur, das Zurück zur ersten Liebe, die Wiederbelebung einer Beziehung, die zu sehr zur Selbstverständlichkeit geworden ist.

Ziemlich bald nach meinem Zusammenbruch wurde deutlich, dass ich Erholung brauchte. Mein Hausarzt stellte den Antrag, aber bis die Krankenkasse die Kur bewilligte, dauerte es noch ein paar Wochen. Zu Hause konnte ich während der Wartezeit nicht bleiben. Wir wohnen im Gemeindehaus, Abstand und Ruhe waren da unmöglich. Bis zum Beginn der Kur wohnte ich bei lieben Freunden. Es waren gute Tage, anfangs immer durchsetzt von Angstattacken und tiefer Depression, aber zunehmend ruhiger und entspannter. Ich wurde verwöhnt und bekocht, »umbetet« und gepflegt. Unsere Freundschaft bekam eine tiefe, neue Dimension. Hoffnung keimte in mir auf, dass bald schon alles wieder gut sein würde.

Ende Mai stand dann eigentlich ein wichtiger Termin an. In der Eifel fand zum ersten Mal ein großes viertägiges Treffen des Mülheimer Verbandes statt, das »MaiVestival« in Wirfttal. Ich war als Redner vorgesehen und sollte als Präses mittendrin im Geschehen sein. Doch daraus wurde nichts. Auf Anraten des Arztes, und auch weil ich selbst spürte, dass es nicht ging, blieb ich zu Hause. Meine Frau und die Kinder fuhren nach Wirfttal, und ich blieb daheim. Bei strahlendem Sonnenschein hütete ich unser Haus. Zweifellos eine für mich vollkommen ungewohnte Situation. Ich war am Boden zerstört. Viele Menschen kümmerten sich um mich, und ich musste lernen, mich in das Unvermeidliche zu schicken. Ich musste loslassen, aber das fiel mir schwer. Eines Abends rief mich meine Frau aus der Festhalle an und hielt dann das Handy in den Saal. Die Leute sangen: »Komm, jetzt ist die Zeit, wir beten an!«. Meine Frau wollte mir eine Freude machen, aber mir stand nur noch deutlicher meine trostlose Situation vor Augen. Die anderen sangen, und ich war nicht dabei. Ich konnte es kaum aushalten. Das erste Mal in meinem Leben machte ich die Erfahrung einer völligen Niederlage. Nichts ging mehr, und ich konnte nichts dagegen machen.

Als wir es schon gar nicht mehr erwarteten, kam die Kurbewilligung. Ende Juli fuhr ich in ganz passabler Verfassung ins fränkische Seenland. Gleich nach der Ankunft hatte ich das erste Gespräch mit dem behandelnden Arzt. Meinen Redefluss unterbrach er mit der sichtlich irritierten Anmerkung: »Sie sprechen ständig in der Vergangenheit. Haben Sie das alles schon hinter sich?« Ich versicherte ihm, wie gut es mir, verglichen mit der Situation vor einigen Wochen, schon wieder ginge und dass ich mir von der Kur die abschließende Erholung erhoffte. Ein Tag später kam der Absturz: Alles war schlimmer als je zuvor. Herzschmerzen, Magenschmerzen, Angst – oft wusste ich nicht, wie ich einen Tag überstehen sollte. Dazu kam ein starkes Heimweh nach meiner Frau und meinen Kindern. Wenn ich mit dem Auto in die Kur gefahren wäre – ich glaube, ich wäre zu diesem Zeitpunkt einfach nach Hause gefahren.

So vergingen die Tage, eine Woche, zwei Wochen. Jeder Tag erschien mir wie ein kaum zu bewältigender Berg. Die Stunden wurden zu kleinen Ewigkeiten, die Mahlzeiten zu einem Kampf um Beherrschung. Ohne Appetit versuchte ich, möglichst viel zu essen. Trotzdem habe ich in den fast vier Wochen der Kur fünf Kilo abgenommen. In guten Tagen wäre das eine überaus positive Nachricht gewesen!

Zunächst kaum wahrnehmbar, aber dann doch unübersehbar, half Gott mir durch viele kleine Ereignisse weiter. Langsam ging es voran, ein nächster Schritt, ein neuer Tag. Schon in der ersten Woche bekamen auch meine Tischnachbarn mit, was mit mir los war. Eine Frau fragte mich, ob wir gemeinsam beten wollten. Ich spürte deutlich das Wirken Gottes an mir, als wir uns am Waldesrand auf eine Bank setzten und sie für mich betete. Jemand anderes schenkte mir, obwohl wir kaum ein Wort miteinander gewechselt hatten, ein Buch. Es war eine Auslegung von Jakobs Kampf mit Gott. Ich begann zu lesen, und schon das zweite Kapitel erschien mir wie für mich geschrieben. Vier Wochen später würde mir derselbe Text erneut begegnen, in einem Artikel, den ich in unserem Ferienhaus in Schweden »zufällig« entdeckte.

All dies waren kleine Hinweise der Güte Gottes. Er hatte alles im Griff, ob ich das nun glauben konnte oder nicht. Und schließlich redete er zu mir in einer Weise, die nicht zu überhören war: Ich fuhr meine gewohnte Runde auf dem Fahrrad um den Altmühlsee. Wieder einmal war ich in dieser unerklärlichen, verzweifelten Gemütsverfassung und kam einfach nicht aus dem Loch meiner Angst und Bedrückung heraus. In mir machte sich wieder die schiere Verzweiflung breit. Während ich mit dem Rad unterwegs war, sagte ich zu Gott: »Ich verstehe dich nicht mehr. Warum hilfst du mir nicht? Wenn ich mich so schlecht um meine Kinder kümmern würde wie du dich um mich, würden die sich aber schön beschweren.« Ich war auf dem Rückweg, als mir kurz vor dem Ortseingang auf der schmalen Zufahrtsstraße eine Mutter mit zwei kleinen Kindern begegnete. Eins der Kinder sang ein Lied. Erst verstand ich den Text nicht, aber als ich direkt an ihnen vorbeifuhr, hörte ich, wie die Kleine sang: »Gott liebt dich, Gott liebt dich, Gott liebt dich doch!« Laut und klar, unüberhörbar: »Gott liebt dich, Gott liebt dich, Gott liebt dich doch!« Ich konnte es nicht glauben und wollte umdrehen und nachsehen, ob es vielleicht Engel und keine Kinder waren. Aber es waren zwei kleine Kinder, die mit ihrer Mutter weitergingen und keine Ahnung davon hatten, was gerade passiert war. Von dem Augenblick an wuchs in mir auf eine ganz neue Art die Überzeugung, dass Gott trotz allem und in allem etwas Gutes mit mir vorhat. Ich finde die Feststellung von C. S. Lewis bestätigt: »Gott flüstert uns zu in der Freude, spricht zu unserem Gewissen, aber er schreit in unseren Schmerzen.«

Immer mehr fiel mir auf, wie Gott zu mir durch Menschen und Umstände redete und dass ich immer offener wurde für solche Situationen. Bei einer Mahlzeit im Kurhaus sprach mich die leitende Diakonisse an: »Sie sind auf dem Weg durch die Wüste. Haben Sie die gestrige Tageslosung gelesen? Von Petrus im Gefängnis? Da heißt es dann weiter: ›Und siehe, der Engel des Herrn kam herein, und Licht leuchtete auf in der Zelle.‹« Ich schaute sie groß an, dankte ihr, und wieder wurde mir klar: Hier redet Gott mit mir, denn etwas sehr Ähnliches hatte vor ein paar Wochen bereits ein Freund zu mir gesagt. »Beim Gebet ist mir der Gedanke gekommen: Das ist keine Krankheit, sondern, wie bei Jesus, eine Zeit in der Wüste, um zur Ruhe zu kommen.«

Noch von einem weiteren Beispiel des Redens Gottes in dieser Zeit möchte ich berichten: Ich besuchte eine Andacht, und eine Diakonisse sprach über das Bibelwort: »Meine Zeit steht in deinen Händen.« In mir stieg die Sehnsucht auf, wieder sinnvoll mit meiner Zeit umgehen zu können, wieder zu arbeiten, zu predigen. Doch schon kamen dunkle Gedanken und immer mit der gleichen Frage: »Werde ich das je wieder können?« Nach der Andacht ging ich auf mein Zimmer und schüttete Gott unter Tränen mein Herz aus. Dann nahm ich das Losungsbuch. Die Losung für den Tag war Psalm 40,11: »Von deiner Wahrheit und deinem Heil rede ich. Ich verhehle deine Güte und Treue nicht vor der großen Gemeinde.« Ausgerechnet Psalm 40, dessen sechster Vers unser Trauvers ist: »Herr, mein Gott, groß sind deine Wunder und deine Gedanken, die du an uns beweisest; dir ist nichts gleich! Ich will sie verkündigen und davon sagen, wiewohl sie nicht zu zählen sind.« Und – Gott setzte noch eins drauf: An diesem Tag kam meine Frau Esther, um mich zu besuchen.

Wenden wir uns noch einmal unserem Helden Elia zu. Im Kampf auf dem Karmel hatte er den Sieg davongetragen. Dann ging es erst einmal blutig weiter: Die achthundertfünfzig heidnischen Priester wurden hingerichtet. Elia war der Mann der Stunde. Das Volk jubelte ihm zu. Der angesagte Regen kam. Der Himmel unterstrich die Mission eines großen Mannes.

Bleibt nur noch hinzuzufügen, dass Elia nach Hause ging, eine gute Flasche Wein öffnete, seine Frau in die Arme schloss und seinen Sieg feierte. Weit gefehlt! Es kam so ganz anders, unerwartet anders, und für manchen Leser ist dies reichlich unverständlich. Was geschah? Königin Isebel war über das Geschehen auf dem Karmel aufs Äußerste empört:

»Die Götter sollen mich schwer bestrafen, wenn ich dir nicht heimzahle, was du diesen Propheten angetan hast! Morgen um diese Zeit bist auch du ein toter Mann, das schwöre ich!« *(1. Könige 19,2)*

Das klingt bedrohlich, aber was ist solch eine keifende Königin verglichen mit achthundertfünfzig Priestern? Dafür konnte Elia doch nur ein müdes Lächeln übrig haben. Gott, der Schöpfer, war ja auf seiner Seite! Da konnte nichts geschehen, und Elia musste sich keine Sorgen machen. Weit gefehlt! Auf einmal packte ihn die Angst. Er rannte um sein Leben und floh bis nach Berscheba, ganz im Süden Judas.

Was bin ich froh, dass dieses Kapitel in der Bibel steht! Elia war ein Mensch wie wir. Er war nicht jeden Tag stark, nicht jeden Tag ein strahlender Held. Er wusste, was Entmutigung ist. Er kannte abgrundtiefe Verzweiflung und Depression. Er war so lange stark gewesen, hatte Gott geehrt durch sein Vertrauen, aber jetzt konnte er nicht mehr. Und glauben Sie mir: Elia machte eine ganz typische Erfahrung. Ausgerechnet jetzt, in der Stunde seines größten Triumphes, stürzte er ab in die Tiefen der Entmutigung und Verzweiflung.

Wir müssen noch einmal rekapitulieren, was eigentlich geschehen war. Auf dem Berg Karmel hatte Gott sich eindrucksvoll auf die Seite Elias gestellt. Aber den ganzen Tag über hatte er einen hohen Druck aushalten müssen, und im alles entscheidenden Moment galt die bange Frage: Fällt Feuer vom Himmel oder fällt es nicht? Wir Leser können das vielleicht nicht ganz nachempfinden, aber wie musste es sich angefühlt haben, im Zentrum des Geschehens zu stehen?

Hinzu kamen die großen Erwartungen bezüglich des Regens: Sieben Mal musste der Diener laufen, bevor sich die erste Wolke zeigte. Was für eine Spannung, was für Bauchschmerzen. Elia saß doch nicht ganz entspannt da und las Zeitung! Er nahm den Kopf zwischen die Knie und betete – betete wie nie zuvor in seinem Leben.

Feuer und Regen fielen wie erhofft vom Himmel herab. Jetzt musste doch alles gut sein, oder? Nein, nichts war gut! Für den König war das alles peinlich und ärgerlich und auf keinen Fall ein Anlass, von seinen bösen Wegen umzukehren. Stattdessen weinte er sich bei seiner Frau aus. »Isebel, stell dir vor, was der böse Elia mit unseren Priestern gemacht hat ...!« Ahab war ein Weichei, ein Mann ohne Rückgrat, abhängig von seiner Frau, dieser skrupellosen, herrschsüchtigen Königin. Jetzt schlug ihre Stunde. Elia kam auf die Todesliste! »*Most wanted* – 100.000 Goldstücke Belohnung – tot oder lebendig!« Sie ließ dem Propheten eine Botschaft zukommen: »Morgen bist du tot – ich habe mein Killerkommando auf dich angesetzt!«

Elia war ein Mensch wie wir, wie Sie und ich. Und auf einmal konnte er nicht mehr – wie Sie und ich! Das kennen wir doch nur zu gut: Gerade noch waren wir die Helden, unbesiegbar, sicher in den ewigen Armen, fröhlich und glaubensvoll unterwegs, und einen Augenblick später verblasst die ganze gute Erfahrung mit Gott. Der Moment überwältigt uns, die Erinnerung an die Vergangenheit trägt nicht mehr. Lesen wir, wie es Elia weiter erging:

»Allein wanderte er einen Tag lang weiter bis tief in die Wüste hinein. Zuletzt ließ er sich unter einen Ginsterstrauch fallen und wünschte, tot zu sein. ›Herr, ich kann nicht mehr!‹, stöhnte er. ›Lass mich sterben! Irgendwann wird es mich sowieso treffen, wie meine Vorfahren. Warum nicht jetzt?‹« *(1. Könige 19,4)*

Elia rannte um sein Leben! Er versteckte sich im äußersten Winkel des Landes. Er hatte Todesangst. Unter einem Baum brach er zusammen, erschöpft und zu Tode geängstigt. Das lesen wir und fragen: »Elia, was ist los? Denk an die Raben, denk an die Brotfladen, denk an den kleinen Jungen, denk an das Feuer vom Himmel, denk an den Regen! Elia, was ist los?«

Über sechsundzwanzig Jahre bin ich nun schon Pastor der Paulus-Gemeinde in Bremen. In all den Jahren ist die Gemeinde gewachsen. Wir haben ein neues Gemeindezentrum gebaut und hatten nach zwölf Jahren alle Schulden bezahlt. Zurzeit bauen wir wieder. Unzählige Male habe ich gepredigt. Über sechshundert Menschen haben wir in diesen Jahren getauft. Ich bin Präses des Mülheimer Verbandes geworden. Höher hinauf geht es in unserer Kirche nicht. Also, es ging mir gut! Bis zum Mai 2001. Da ging auf einmal gar nichts mehr. Mehr als einmal habe ich damals zu Gott gesagt: »Herr, ich kann nicht mehr. Nimm mich zu dir. Ich will nicht mehr.«

Vielleicht haben Sie Ähnliches erlebt. Vielleicht stecken Sie gerade mittendrin, oder Sie merken, wie sich etwas zusammenbraut. Und Sie fragen sich: Warum passiert so etwas?

Warum fürchtete Elia sich plötzlich? Warum bekam die Drohung der Königin für ihn so ein Gewicht? Warum rannte er jetzt weg? Warum hatte er solche Angst? Warum hatte ich solche Angst?

Ich will versuchen, das zu erklären, obwohl das gar nicht so einfach ist. Denn die Gründe für eine solche Krise sind oft so unterschiedlich wie die Menschen, die den Zusammenbruch erleiden. Ein Grund ist: Elia hatte nicht mehr die Kraft, seine Lage realistisch einzuschätzen. Es hatte sich ja nicht wirklich etwas verändert. Die Bedrohung war nicht größer geworden. Die Königin wollte ihn loswerden, aber was ist das schon im Vergleich zu den vielen Priestern und dem zornigen König? Wenn Elia halbwegs bei Kräften gewesen wäre, dann hätte er gesagt: »Gott ist der HERR – du kannst mir gar nichts!« Nicht Gott wollte Elia töten, sondern eine heidnische, böse Königin, eine völlig überdrehte Frau ohne Gottesfurcht.

Aber anstatt zu beten, anstatt Gott zu vertrauen, rannte Elia weg. Er war fertig, ausgebrannt. Er hatte einen Burnout. In einer solchen Krise sehen wir die Dinge nicht, wie sie wirklich sind. Wir sehen sie durch die Brille unserer ausgebrannten Seele. Was die dann vor allem braucht, ist Ruhe!

Dann dürfen wir nicht vergessen: Elia war allein. Doch solche Zeiten lassen sich nur schwer alleine durchstehen. Wir brauchen Hilfe, einen Freund an unserer Seite, liebe Menschen, die uns verstehen und tragen, die für uns beten und uns Mut zusprechen. Es ist keine Schande, für sich beten zu lassen. Im Gegenteil, es ist ein Segen.

Elia war allein. Seine ganze Stärke fiel in sich zusammen. Er brauchte nichts dringender als seelsorgerlichen Beistand. Aber stattdessen rannte er weg, verzog sich und wollte sterben, unter einem Baum in der Wüste. Wie oft habe ich das erlebt, und immer war es zum Nachteil: Menschen in großer Not kommen nicht mehr zur Gemeinde, ziehen sich zurück, hadern mit sich, mit den Menschen und mit Gott. Bitte, tun Sie das nicht. Suchen Sie Hilfe, reden Sie mit Menschen, denen Sie vertrauen und denen Sie geistlich etwas zutrauen.

In dieser Beziehung habe ich es gut gehabt: Ich war nie allein. Meine Frau hat für mich gesorgt, nie den Mut verloren und immer daran geglaubt, dass alles wieder gut wird. Über dreißig Jahre sind wir inzwischen verheiratet, und ich sehe immer mehr, welches Geschenk Gott mir mit Esther gemacht hat. Unser gegenseitiges Versprechen, zusammenzubleiben, in guten und in bösen Tagen, hat getragen. Freunde waren für mich da, mit denen ich zum Teil schon über zwanzig Jahre in der Gemeindeleitung zusammengearbeitet hatte. Noch heute beschleicht mich ein Gefühl der Scham, wenn ich daran denke, was ich ihnen zugemutet habe. Sie haben für mich gebetet, mich begleitet und geschützt. Verwandte waren für mich da. Ihre Liebe hat mich begleitet und getragen. In dieser Zeit ist mir klar geworden, wie gut es ist, nicht allein zu sein, und wie wichtig, die Weichen dafür in guten Zeiten zu stellen.

Elia konnte nicht mehr, er war allein, und zweifellos litt er unter den Nachwirkungen eines großen geistlichen Dienstes. Es ist ein weit verbreitetes und bekanntes Phänomen, dass Kinder Gottes und gerade solche, die eine leitende Verantwortung im Reich Gottes haben, nach besonders herausfordernden Stunden in großer Gefahr sind.

Der Kampf hat die gesamte Kraft gefordert. In Seele und Geist entsteht ein Vakuum, eine erschöpfte Leere. Das starke Bedürfnis, sich zu entspannen, führt nicht selten zu starken sinnlichen Versuchungen, die im krassen Gegensatz zu dem zuvor Erlebten stehen. Die einsamen Stunden im Hotel danach und das kraftlose

Hängen vor dem Fernseher am späten Abend sind eine fragwürdige Möglichkeit, die angestaute Spannung abzubauen.

Ähnlich groß ist die Gefahr, in ein emotionales Loch zu rutschen. Die Anspannung ist vorbei, die Arbeit getan. Plötzlich erscheint alles so leer und farblos. Gerade war Gott noch so nahe, es war herrlich in der großen Truppe der Christen, doch nun ist alles anders: Allein hocken wir in unserem Zimmer, müssen zurück in den gewohnten Alltagstrott und vermissen schmerzlich das, was die letzten Stunden so ausgefüllt hatte.

Elia konnte nicht mehr. Der Karmel und das anschließende Regendrama hatten ihn an den Rand seiner Kräfte gebracht. Anstatt sich über das Erreichte zu freuen und fröhlich nach Hause zu spazieren, überwältigte ihn das Empfinden großer Leere und Angst. Die Welt war nicht besser geworden, die Gegner im Palast trachteten ihm noch immer nach dem Leben, und niemand war da, der ihm half. Elia war ausgebrannt, leer, erschöpft und allein. Der Triumph verkehrte sich in Depression.

Während meiner Studentenzeit war ein leitender Mitarbeiter von Campus für Christus zu einer Gastvorlesung an unserer Hochschule. Als Student hatte er einen nationalen Leichtathletikwettbewerb gewonnen und war im Stadion von Helsinki vor tausenden von Zuschauern geehrt worden. Der Höhepunkt seiner Leichtathletikkarriere, der Lohn für viele Jahre intensiver Trainingsarbeit. Eigentlich hätte er sich freuen müssen. Das war doch der lang ersehnte Augenblick. Aber, so berichtete er uns, es kam ganz anders. Als er auf dem Siegertreppchen stand, alles erreicht hatte, was er sich einst erträumte, da fühlte er sich leer und ausgepumpt. Die Frage stieg in ihm hoch: »Na und, was soll das alles?«

Elia hatte alles erreicht. Er war ein Held! Aber dabei hatte er auch alle Energie und emotionale Kraft verbraucht. Sein Akku war leer, sein Brunnen ausgetrocknet.

Es gibt ein Bild, ein Gleichnis für meinen Zustand, das mich in all den Monaten begleitet hat. Als es so ganz schlimm um mich stand, hatte ich das Gefühl, mein Herz wäre wie ein tiefer Brunnen, eine Zisterne, die eigentlich voll Wasser sein müsste. Das war sie aber nicht, nicht mehr. Auf dem Grund der Zisterne sah ich nur eine kleine Pfütze, mehr nicht. Immer, wenn es mir ein wenig besser ging, hatte ich das Empfinden, etwas Wasser wäre hinzugekommen. Ein paar Zentimeter wären jetzt gefüllt. Aber schon die kleinste Unsicherheit, die nächste Angstattacke, ließ alles Wasser verschwinden. Der Brunnen war wieder leer.

Wir sollten nie vergessen, dass mit aller Begabung, mit jeder geistlichen Gabe und jedem Auftrag auch eine Verantwortung verbunden ist, die uns verzehrt. Wir können nicht so nebenher Gott dienen, den Nächsten lieben, für die Menschen beten, prophetisch reden, Kranken die Hände auflegen, so nebenher Wunder Gottes erwarten. Es wird uns, wenn es echt ist, verzehren.

Achten Sie einmal darauf! Nach ganz besonderen Zeiten, ganz besonderen Erlebnissen ist es unheimlich schwer, in den normalen Alltag zurückzufinden. Der Kontrast ist zu groß. Wir beobachten das in der Gemeinde. Menschen, die gestern noch mit Hingabe Gott gedient haben, werden morgen zu Statisten und beobachten nur noch. Sie sind müde geworden, ausgebrannt. Zu lange haben sie gekämpft, siegreich gekämpft, Großes erlebt, aber jetzt geht es einfach nicht mehr. In so einer Situation gilt: Ruhe ist angesagt! Und es gibt Hilfe. Ich habe sie erfahren, und auch Sie dürfen sie erfahren.

Wenn wir uns mit den Helden des Alten Testaments beschäftigen, mit Elia, David und Nehemia, dann stellen wir eins fest: Es waren Menschen wie du und ich. Ihre Kraft war begrenzt, ihre Möglichkeiten waren beschränkt. Es waren schwache Geschöpfe, die irgendwann einfach nicht mehr konnten. Wir können doch nur ahnen, wie die Jahre Elias Kraft aufgezehrt hatten. Ich leide schon, wenn ich vierzehn Tage unterwegs bin, ohne Esther, ohne meine Familie. Elia war monatelang allein am Bach Krit, dann Untermieter bei einer fremden Witwe. Was machte er wohl die ganze Zeit? Er war jederzeit bereit, wieder loszugehen. Er hatte keine feste Bleibe und keine klare Vorstellung von seiner Zukunft. Das war Stress pur und irgendwann war Schluss.

Wenn wir uns nicht immer wieder Zeiten der Ruhe und Entspannung gönnen, scheitern wir. Einer der bekanntesten Prediger der neueren Kirchengeschichte war Charles H. Spurgeon. Sonntag für Sonntag predigte er vor tausenden von Menschen. Damit all die Leute, die ihn gerne hören wollten, einen Platz fanden, baute man in London den größten Saal. Seine Gemeinde war die bekannteste der damaligen Zeit. Bis heute lesen wir seine Predigten und lernen davon. Unzählige Menschen haben sich durch diesen Mann bekehrt. In späteren Jahren wurde Spurgeon von vielen Menschen angegriffen. Die Zeitungen machten sich über ihn lustig, und Kollegen haben ihn verleumdet. Darüber wurde er depressiv. Oft wollte er morgens gar nicht aufstehen. Seine Frau klebte ihm über sein Bett aufmunternde Bibelverse an die Decke, die ihm helfen sollten, den Tag zu beginnen.

Sie haben dunkle, trübsinnige Gedanken? Kommen morgens kaum aus dem Bett? Sie haben Angst vor dem neuen Tag und dem immer gleichen Trott? Sie fühlen sich überfordert und würden am liebsten im Bett bleiben? Und das macht Ihnen noch mehr Angst? Sie sind in guter und prominenter Gesellschaft. So ging es dem großen Elia! Er war kaputt, ausgebrannt, fertig. Nichts ging mehr.

Wo die körperlichen Reserven verbraucht sind, leidet immer auch unsere Seele. Gute Gefühle sind untrennbar mit körperlichem Wohlbefinden verbunden. Unsere Psyche korrespondiert mit unserer Physis. Wenn Sie Zahnschmerzen haben, werden Sie den Lobpreisabend nicht genießen können. Wenn Sie hungrig sind, haben Sie keine Lust zu einer langen Gebetszeit. Mit einer starken Erkältung werden und sollten Sie kein Gastgeber sein.

Sind unsere Kräfte vollends aufgebraucht, ist der Brunnen leer, dann ist zudem die Gefahr groß, dass wir in elendem Selbstmitleid versinken. Ihre Situation ist bestimmt nicht einfach. Sie können Gott und die Welt nicht verstehen, und Sie wissen nicht, warum Ihnen das passiert, aber das Selbstmitleid setzt noch eins drauf: Es übertreibt schamlos und verhängnisvoll.

Zuletzt ließ Elia sich unter einen Ginsterstrauch fallen und wünschte, tot zu sein. »Herr, ich kann nicht mehr!«, stöhnte er. »Lass mich sterben! Irgendwann wird es mich sowieso treffen, wie meine Vorfahren. Warum nicht jetzt?« Luther übersetzt:

»Es ist genug, so nimm nun, HERR, meine Seele; ich bin nicht besser als meine Väter.« *(1. Könige 19,4)*

Als Gott ihn wenig später zur Rede stellte, da schwang bei Elia die ganze Verzweiflung mit:

»Ach Herr, du großer und allmächtiger Gott, mit welchem Eifer habe ich versucht, die Israeliten zu dir zurückzubringen! Denn sie haben den Bund mit dir gebrochen, deine Altäre niedergerissen und deine Propheten ermordet. Nur ich bin übrig geblieben, ich allein. Und nun trachten sie auch mir nach dem Leben!« *(1. Könige 19,10)*

»Nur ich bin übrig geblieben – ich allein!« Das stimmte aber gar nicht. Elia bildete sich das ein, weil das zu seinem Gemütszustand passte. In einer solchen Situation neigen wir alle dazu zu übertreiben. Wir fühlen uns alleingelassen, missverstanden und ausgegrenzt. Keiner scheint für unsere Situation Verständnis zu haben. Elia war der festen Überzeugung, der einzig Überlebende des Vernichtungsfeldzugs einer heidnischen Königin zu sein. Die dreijährige Isolation hatte ihn vereinsamen lassen. Was er also nicht wusste: Mehr als fünfhundert weitere Priester hatten sich versteckt und waren gerettet worden.

Wusste er das wirklich nicht, oder wollte er es nicht wissen, weil er zu sehr in seiner Angst und Niedergeschlagenheit gefangen war? Seine weiteren Dienstjahre und besonders sein Abschied machen deutlich, wie bekannt Elia war. Eigentlich musste er doch wissen, dass es noch andere Männer und Frauen im Lande gab, die Gott die Treue gehalten hatten. Wenn das Selbstmitleid uns erwischt, dann geht uns der Blick für die wahre Beschaffenheit der Dinge verloren. Selbstmitleid ist ein schlechter Ratgeber. Es produziert ein Bild, das mit der Wirklichkeit nichts zu tun hat.

Elia im tiefen Tal, einsam, gefangen in dunklen Gedanken – auch wenn es vielleicht seltsam klingt: Ich liebe dieses Kapitel in der Bibel. Ich liebe die Geschichte des Elia, die uns nicht nur einen strahlenden Helden, sondern auch einen verzweifelten, schwachen Menschen zeigt. Er ist ein Mensch, ein Mensch wie du und ich. Und er erfährt Hilfe.

Kapitel 6

Sie sind von Gott geliebt. Was müssen Sie noch leisten, erreichen oder beweisen? Wen müssen Sie noch beeindrucken? Welche Leiter noch erklimmen? Sie sind von Gott geliebt. Können Sie Ihrem Lebenslauf etwas hinzufügen, was dies übertreffen könnte?

JOHN ORTBERG

Jetzt fiel es ihnen wie Schuppen von den Augen: »Haben wir nicht im Innersten gespürt, dass es Jesus ist, als er unterwegs mit uns sprach und uns die Verheißungen der Heiligen Schrift erklärte.«

LUKAS 24,32

Plötzlich sprach der Herr zu ihm: »Elia, was tust du hier?«

1. KÖNIGE 19,9

Noch einmal neu anfangen – humpelnd geht es weiter

Helden wollen wir sein, Ritter ohne Furcht und Tadel. Ein fernes Land bereisen, Abenteuer bestehen, eine Prinzessin retten. Als die Bücher von John Eldredge auf deutschen Büchertischen auftauchten, war ich berührt, begeistert und ernüchtert. Wie jedes Mal, wenn ich ein Buch lese und dann zu meiner Frau sagen muss: »Esther, der schreibt, wie ich es immer schon empfunden habe. Warum bin ich nicht darauf gekommen, darüber ein Buch zu schreiben?«

Sollte mir John einmal begegnen, werde ich ihm die Hand schütteln und sagen:»Du hast aufgeschrieben, was ich seit meiner Kindheit träume.« Er schreibt von dem, was uns wirklich treibt. Im Himmel werden wir über unsere Gedanken sprechen und Abenteuer erleben können, in einer Welt, nach der unsere Seele sich sehnt.

Hier auf der Erde sieht das oft anders aus: Die Abenteuer, die wir hier erleben, erschöpfen sich nicht selten in den Routinen unseres Alltags. Wir haben für unsere Ehe und Familie Verantwortung übernommen. Wir haben einen Job, und man verlässt sich auf uns. Die kleinen Abwechslungen, die unseren Alltag erträglicher machen, haben wenig Ähnlichkeit mit den großen Abenteuern, von denen wir träumen. Wie viel Zeit bleibt uns – wenn wir acht, zehn, zwölf Stunden am Tag den Lebensunterhalt verdienen müssen –, unseren Pflichten als Eltern gerecht zu werden und dazu ein guter Ehepartner zu sein? Männer und Frauen sehen ihren Platz in der Gemeinde, ringen um geistliches Wachstum und die Nähe zu Jesus.

Wie viel Zeit bleibt Alleinstehenden, die nach einem langen Tag in der Firma ihren Haushalt auf die Reihe bekommen müssen, alleine in ihrer Wohnung sitzen und so gerne noch mit jemandem reden würden? Wir leben von ihrer Mitarbeit in der Gemeinde, aber haben wir eine Ahnung, wie schwer diese Situation für sie ist?

Ich habe einen riesigen Respekt vor Männern und Frauen, die ihren Weg mit Gott gehen, in Treue über viele Jahre an Jesus dranbleiben und diese große Sehnsucht nach mehr mit uns teilen. Aber wie oft kommen sie an die Grenzen ihrer Möglichkeiten. Dann kommt irgendwann einmal der Punkt, an dem wir alles satt haben.

Auch Elia hatte es satt. Er hatte genug Abenteuer erlebt und konnte und wollte nicht mehr. Zuletzt ließ er sich unter einen Ginsterstrauch fallen und wünschte, tot zu sein. »Herr, ich kann nicht mehr!«, stöhnte er. »Lass mich sterben! Irgendwann wird es mich sowieso treffen, wie meine Vorfahren. Warum nicht jetzt?« *(1. Könige 19,4)*

Es ist ihm so ergangen wie den vielen, die im Dienst für Gott an ihre Grenzen gekommen sind. Es ist ihm ergangen wie denen, die einfach nicht mehr weiterwissen, weil die Probleme ihres Lebens übermächtig geworden sind.

Bis heute beschäftigt mich immer wieder die Frage: War mein Burnout vermeidbar? Wo habe ich Warnzeichen übersehen? Was hätte ich anders machen sollen? Ich weiß, ein solches Fragen ist wenig sinnvoll und sehr hypothetisch. Es ist bereits passiert, und jetzt kann ich daran nichts mehr ändern. Menschen, die mich gut kennen, meinen, es hat mir nicht geschadet. Im Gegenteil, es hätte mir und meinem Dienst eine andere Tiefe gegeben.

Es ist passiert, und heute wünsche ich mir nicht einmal mehr, es wäre nicht geschehen. Denn die besonderen Erfahrungen, die ich während dieser Zeit gemacht habe, haben mich und mein Leben bereichert. Am Ende stand ein neues »Ja« zu Berufung und Dienst. Freude und Lebenskraft kehrten zurück. Der Brunnen füllte sich wieder.

Immer wieder werde ich gefragt: »Na, bist du wieder der Alte?« Nein, der werde ich wohl nie wieder sein, und der will ich auch nicht wieder sein. Ich habe mich verändert, nicht zuletzt auch in meiner Einstellung und meinen Überzeugungen. Die Bemerkung: »Du hast dich aber überhaupt nicht verändert!« verstehe ich heute weniger als Kompliment denn als Mahnung – es sei denn, sie bezieht sich auf mein Äußeres. Ich bin nicht mehr der Alte. Ich bin mir jetzt zum Beispiel meiner Grenzen stärker bewusst, kann mich aber besser mit ihnen abfinden als in früheren Zeiten.

Auch weiß ich heute, dass ich nicht unersetzlich bin. Die Verantwortung für meine Gemeinde liegt am Ende nicht bei mir. Martin Luther hat einmal gesagt: »Ich sitze hier und trinke mein gutes Wittenbergisch Bier und das Reich Gottes kommt von ganz alleine.« Das habe auch ich in meiner Krise gelernt, und ich hoffe, es in Zukunft immer besser zu begreifen. Ich will mein Bestes geben, aber ich kann nicht Gottes Arbeit tun. Lange Zeit habe ich gedacht, das Gedeihen unserer Gemeinde hinge von meinem Einsatz ab. Auch heute noch will ich immer mehr mit Liebe, Treue und Hingabe meine Arbeit tun, aber ich weiß besser als einst, wie wankelmütig meine Seele ist und wie schnell die großen Versprechen in den trivialen Dingen meines Alltags untergehen.

Bewusster als früher lebe ich heute von der Gnade Gottes. Ich bin mir meiner selbst nicht mehr so sicher. Ich bin abhängiger von Jesus, und das ist gut so. Ich renne nicht, ich humpele – aber als Sieger, durch seine Treue.

Wie ging es in der Krise mit mir weiter? Was half mir, sie zu überwinden? Bevor ich das beschreibe, möchte ich mich noch einmal Elia zuwenden und sehen, wie es mit ihm weiterging. Wie kam er aus dem Loch der Verzweiflung und Angst heraus? Wie wurde sein Brunnen wieder gefüllt?

»Er streckte sich unter dem Ginsterstrauch aus und schlief ein. Plötzlich wurde er wachgerüttelt. Ein Engel stand bei ihm und forderte ihn auf: ›Elia, steh auf und iss!‹ Als Elia sich umblickte, entdeckte er neben seinem Kopf einen Brotfladen, der auf heißen Steinen gebacken war, und einen Krug Wasser. Er aß und trank und legte sich wieder schlafen. Doch der Engel des Herrn kam wieder und rüttelte ihn zum zweiten Mal wach. ›Steh auf, Elia, und iss!‹, befahl er ihm noch einmal. ›Sonst schaffst du den langen Weg nicht, der vor dir liegt.‹ Da stand Elia auf, aß und trank. Die Speise gab ihm so viel Kraft, dass er vierzig Tage und Nächte hindurch wandern konnte, bis er zum Berg Gottes, dem Horeb, kam.« *(1. Könige 19,5-8)*

Gott kümmerte sich um Elia. Er kam seinem Diener in der dunkelsten Stunde seines Lebens zu Hilfe und begegnete ihm in seiner Verzweiflung und Entmutigung. Elia erlebte Gottes Gnade. Zuerst einmal fällt auf, wie liebevoll und mit wie viel Rücksicht Gott Elia begegnete. Er schenkte ihm Zeit und Ruhe, um wieder zu Kräften zu kommen. Es folgte keine Predigt, kein »Nun reiß dich doch mal zusammen!«. Auch gab es keine Vorwürfe, keine Bibelverse und auch kein seichtes »*Don't worry, be happy!*«. Gott verstand, was Elia brauchte. Er berührte ihn, weckte ihn und sagte: »Steh auf und iss!« Wie lange hatte Elia schon nichts Ordentliches mehr gegessen? Gott sorgte für ihn wie eine Mutter: »Steh auf, mein Kind, und iss!« Frisches Steinofenbrot lag bereit. Ich liebe frisches Brot. Und da stand auch ein Krug mit klarem, kühlem Wasser. Was gibt es Besseres, wenn man so richtig durstig ist! Elia war fix und fertig und wollte nicht mehr leben. Er war gefangen im Selbstmitleid, war ausgebrannt und leer. In der Situation tat Gott das einzig Richtige. Er weckte Elia und gab ihm zu essen und zu trinken.

Wenn ich dies lese, muss ich an meine Großmutter im Siegerland denken. Für sie gehörte gutes Essen zur richtigen Pflege der

Enkelkinder. Sie backte oft einen speziellen Kuchen, von dem ich heute noch träume. Ihre Kartoffelpuffer waren die besten der Welt. Bei ihr haben wir Kinder sogar Salat gegessen. Als ihre Enkelkinder konnten wir da nur fröhlich sein und zunehmen!

Was wir daraus lernen können, ist Folgendes: Wenn wir nicht mehr können, wenn wir alles schwarzsehen und keinen Mut mehr haben, dann brauchen wir vor allem Ruhe – und bald auch ein gutes Essen! Wir brauchen Abstand zu den Dingen, die uns Angst machen. Wir dürfen und müssen loslassen, nachdem wir alles gegeben haben.

Ist Gott nicht herrlich! So praktisch und oft gar nicht so »fromm«, wie wir das erwarten. Manchmal sind nicht Gebet oder noch ein seelsorgerliches Gespräch angesagt, sondern Ruhe und Entspannung: den Fernseher aus lassen, die Beine hochlegen, gute Musik hören, die Augen schließen und etwas Gutes essen. Das will Gott uns schenken, und das wird auch von ihm gesegnet.

Ich habe einen weiteren Rat für Sie: Erinnern Sie sich an all das Gute, das Gott Ihnen getan hat. Wenn ich am Morgen meine Gedanken ordne und Gott den Tag anbefehle, dann schreibe ich oft auf, wofür ich danken kann. Dank ist die Bewahrung der Gnade! Gottes Gnade, sein Segen, bleibt bei den dankbaren Menschen! Nutzen Sie die nächste Pause, ruhen Sie sich aus, essen Sie etwas Gutes und danken Sie Gott!

Ich vermute, dass Sie einige Einwände haben werden. Sie hören diese wohlgemeinten Ratschläge und haben dafür nur ein müdes Lächeln übrig: »Aber die Zeit muss man erst einmal haben. Ich habe keine Zeit auszuruhen!« oder »Es geht um die Existenz meines Betriebes. Wenn ich ausfalle, müssen andere für mich einspringen« oder »Wir kommen ohne den Zusatzjob nicht über die Runden« oder »Wenn ich nicht Elternsprecher werde, wer soll es dann übernehmen?«

Sie haben Recht. Sie sind unentbehrlich. Das wird dann auch in Ihrem Nachruf stehen, und irgendwie muss Ihre Umwelt sich dann etwas ausdenken, wie sie ohne Sie klarkommen. Sie werden es müssen, denn Sie sind nicht mehr da. Schade eigentlich, so radikal hätte der Einschnitt nicht sein müssen. Elia war der größte

Prophet des Alten Bundes. Kein Geringerer als Jesus sagt das über ihn. Dennoch hinderte das Gott nicht daran, diesen Mann drei Jahre von seiner Arbeit abzuziehen und ihm im entscheidenden Augenblick Ruhe und gutes Essen zu gönnen.

Ich selbst war ein halbes Jahr lang krankgeschrieben. Bis heute begreife ich nicht, wie Gott sich das leisten konnte. Wie konnte er auf mich verzichten? Warum beschenkte er mich nicht mit der nötigen Kraft? Hatte ich mich vielleicht gründlich überschätzt und viel zu wichtig genommen? Ja, das habe ich ganz sicherlich. Und das war mit ein Grund dafür, dass ich zusammenbrach. Aber Gott ließ mich nicht allein. Vielmehr versorgte und begleitete er mich. Zuerst merkte ich nichts davon, doch im Laufe der Zeit wurde es immer deutlicher.

Nachdem Elia ausgeruht, gut gegessen und getrunken hatte, war wieder Kraft da. Er konnte wieder laufen und hatte wieder ein Ziel. Vierzig Tage und Nächte war er unterwegs zum Berg Gottes, dem Horeb. Dort kletterte er in eine Höhle, um darin die Nacht zu verbringen.

Elia hat ausreichend geschlafen, gut gegessen und getrunken, ist vierzig Tage marschiert, und nun könnte man meinen: Jetzt ist alles wieder in Ordnung. Er ist wieder der Alte. Weit gefehlt. So schnell geht das nicht. Wenn wir ausgebrannt sind und in solch ein tiefes Loch fallen, wenn wir derart am Ende unserer körperlichen und seelischen Kraft sind, dann braucht die Erholung, die Heilung in der Regel mehr Zeit, als wir uns zugestehen.

Was wollte Elia in der Höhle? Der Zusammenhang der Geschichte macht deutlich, dass er immer noch sehr verunsichert war und sich wieder verkroch. Die alten Ängste kamen erneut hoch. Das ist typisch. Ich staune immer wieder, wie lebensnah und realistisch die Bibel und die darin beschriebenen Menschen und Situationen sind. Elia erlebte nichts anderes als das, was ein geplagter und gestresster Unternehmer, eine überforderte Hausfrau oder ein verunsicherter Arbeitsloser heute auch erleben.

Wenn wir an die Grenzen unserer körperlichen Belastbarkeit stoßen, dann ist davon immer auch unsere Seele betroffen. Schon bei der nächsten größeren Belastung wird das deutlich: Es dauert viel länger als sonst, bis wir wiederhergestellt sind, und meist auch länger, als wir uns zugestehen wollen. Es kann sein, dass wir uns heute stark fühlen, fröhlich sind und unsere Arbeit gern und gut tun. Aber im Laufe der Woche kommen wir erneut an unsere Grenzen und würden uns am liebsten verstecken, in irgendeiner Höhle oder einem Loch verkriechen. Wieder meinen wir, es nicht mehr zu schaffen. Erneut wird uns alles zu viel, obwohl sich eigentlich gar nichts verändert hat.

Elia saß in einer Höhle, als Gott ihm zum zweiten Mal begegnete:

»Plötzlich sprach der Herr zu ihm: ›Elia, was tust du hier?‹ Elia antwortete: ›Ach Herr, du großer und allmächtiger Gott, mit welchem Eifer habe ich versucht, die Israeliten zu dir zurückzubringen! Denn sie haben den Bund mit dir gebrochen, deine Altäre niedergerissen und deine Propheten ermordet. Nur ich bin übrig geblieben, ich allein. Und nun trachten sie auch mir nach dem Leben!‹« *(1. Könige 19,9-10)*

Der Prophet fühlte sich immer noch allein und verlassen! Gott redete ein zweites Mal mit ihm, und wieder hören wir keinen Vorwurf, keine Predigt! Nur eine einzige Frage: »Elia, was tust du hier?«

Elia hatte endgültig die Nase voll. Es reichte ihm! Zornig und frustriert brach es aus ihm heraus: »Herr, ich habe alles für dich getan. Ich habe dir mein Leben gegeben. Ich habe auf alles Private verzichtet. Ich habe meine ganze Kraft für dich und dein Reich eingesetzt. Ich habe mich für deine Gemeinde eingesetzt. Und was ist der Dank? Ich bin allein übrig geblieben, und nun wollen sie mich auch noch umbringen. Danke Herr, aber ich kann nicht mehr, und ich will auch nicht mehr.« Das ist des Burnouts zweiter Teil! Wieder ist Elia in Depressionen gefangen.

Gott lässt Elia ausreden! Er sagt nicht: »Elia, was soll das? Was für ein Schwachsinn!«, sondern Elia kann sich den ganzen Frust von der Seele schreien. Dann holt Gott ihn aus der Höhle, aus dem kalten, dunklen Ort, und führt ihn ins Licht. Anschließend passiert etwas Entscheidendes. Passen Sie gut auf!

»Da antwortete ihm der Herr: ›Komm aus deiner Höhle heraus, und tritt vor mich hin! Denn ich will an dir vorübergehen.‹ Auf einmal zog ein heftiger Sturm herauf, riss ganze Felsbrocken aus den Bergen heraus und zerschmetterte sie. Doch der Herr war nicht in dem Sturm. Als Nächstes bebte die Erde, aber auch im Erdbeben war der Herr nicht. Dann kam ein Feuer, doch der Herr war nicht darin. Danach hörte Elia ein leises Säuseln. Er verhüllte sein Gesicht mit dem Mantel, ging zum Eingang der Höhle zurück und blieb dort stehen. Und noch einmal wurde er gefragt: ›Elia, was tust du hier?‹ Wieder antwortete Elia: ›Ach Herr, du großer und allmächtiger Gott, mit welchem Eifer habe ich versucht, die Israeliten zurückzubringen! Denn sie haben den Bund mit dir gebrochen, deine Altäre niedergerissen und deine Propheten umgebracht. Nur ich bin übrig geblieben, ich allein. Und nun trachten sie auch mir nach dem Leben!‹ Da gab der Herr ihm einen neuen Auftrag: ›Elia, geh den Weg durch die Wüste wieder zurück und weiter nach Damaskus! Salbe dort Hasaël zum König von Syrien! Danach salbe Jehu, den Sohn Nimschis, zum König von Israel und schließlich Elisa, den Sohn Schafats, aus Abel-Mehola, zu deinem Nachfolger als Prophet. (...) Aber 7000 Menschen in Israel lasse ich am Leben, alle, die nicht vor Baal auf die Knie gefallen sind und seine Statue nicht geküsst haben.‹« *(1. Könige 19,11-18)*

Was ist das für ein wunderbares Wirken Gottes! Hier geht es nicht um den wohlgemeinten Versuch eines Pastors, ein wenig Therapeut zu spielen. Es geht nicht um ein paar gute Worte, die nicht tief gehen und schnell wieder vergessen sind. Hier zeigt sich der allmächtige Gott in all seiner Macht und Liebe. Ist es nicht einfach wunderbar, dass dieser Gott uns will! Er sorgt sich um uns. Er kümmert sich und ist auf unserer Seite. Paulus schreibt:

»Ist Gott für uns, wer kann wider uns sein?« *(Römer 8,31)*

Gott ist mit uns, seinen Kindern. Er freut sich über unsere Anstrengungen, begleitet uns in unseren Kämpfen und hat Zukunft und Hoffnung für uns. Gott war mit Elia. Der neue Tag brachte eine neue Offenbarung. Nach der Depression ging es weiter, vorsichtig, zögernd, aber es ging weiter.

Gott erschien dem Elia – überraschend und ganz anders, als wir uns das gemeinhin vorstellen. Gottes Gegenwart war nicht im Sturm – so eindrücklich der auch heulte! Gott kam nicht im Erdbeben und nicht im Feuer – so sehr diese uns Menschen erschrecken und nach Gott fragen lassen. Nein, Gott kam in einer stillen, sanften, freundlichen Brise. Wörtlich steht hier: »mit einem leisen Säuseln«. Ganz zart, ganz leise. Der große Hirte geht ganz vorsichtig mit seinem verwundeten und verängstigten Schaf um. Er überfordert es nicht und zwingt es zu nichts. Wer hat das besser beschrieben als David, in seiner unvergleichlichen Beschreibung des guten Hirten:

»Und ob ich schon wanderte im finstern Tal, fürchte ich kein Unglück; denn du bist bei mir, dein Stecken und Stab trösten mich. Du bereitest vor mir einen Tisch im Angesicht meiner Feinde. Du salbst mein Haupt mit Öl und schenkst mir voll ein.« *(Psalm 23,4-5)*

Der gute Hirte kümmerte sich um seinen angeschlagenen Diener. Er holte Elia aus der klammen, dunklen Höhle der Entmutigung und Depressionen und stellte ihn ins helle Licht der Sonne. Er sorgte sich geradezu rührend um ihn, ganz persönlich und sehr vertraut. Dann erst fragte er ihn noch einmal: »Elia, was machst du eigentlich hier?«

Wie geht es Ihnen? Was füllt Sie aus, was macht Ihnen Angst? Wir müssen keine Propheten sein, um in eine Krise zu geraten. Und wir müssen keine Propheten sein, damit uns der große Gott ganz persönlich hilft.

In David Halls »Freude aus erster Hand«[18] lesen wir von Maeve, einer gut bezahlten Verwaltungsangestellten. Je höher sie auf der Karriereleiter kletterte, desto größer wurden ihre psychischen Probleme. Um mit dem Alltag zurechtzukommen, nahm sie Tabletten für und gegen alles und trank zunehmend. Die Wodkaflasche war ihr heimlicher Tröster. Eine Freundin erzählte ihr von Jesus, aber Maeve war viel zu aufgekratzt, um richtig zuzuhören. Dreimal versuchte sie, sich das Leben zu nehmen, zuletzt mit hun-

---

[18] David Hall: Freude aus erster Hand. Stuttgart 1988

dertachtundzwanzig Tabletten. Zum wiederholten Male wurde sie in die Nervenklinik eingeliefert. Maeve war 41 Jahre alt, als es passierte. Bis heute weiß sie nicht, wie das möglich war: Sie wachte eines Morgens auf, und alle Angst war weg. Sie redete mit einem Pastor, brachte ihr Leben in Ordnung und nahm nach Jahren das erste Mal wieder am Abendmahl teil. Wenig später kam sie zu Operation Mobilisation und arbeitete viele Jahre als Buchhalterin und Sekretärin im Büro von OM in Brüssel.

Gott fragte seinen Propheten: »Elia, was machst du eigentlich in dieser Höhle?« Mich hat er das während meiner Krisenzeit auch gefragt. Wie oft stand ich am Fenster meines Zimmers in der Kurklinik und dachte: »Klaus, nur ein paar Schritte, dann bist du draußen. Nur ein paar Schritte weiter, und du stehst mitten im ganz normalen Leben. Was ist eigentlich dein Problem?« In solchen Tagen fragt Gott uns: »Was machst du eigentlich da in der Höhle? Komm raus!«

Gott hatte wieder Arbeit für Elia. Er sandte ihn aufs Neue. Elia bekam einen neuen Auftrag. Wieder sollte er in den höchsten politischen Kreisen auftreten: Er sollte den neuen König von Syrien salben und einen Nachfolger für Ahab berufen. Aber bevor er ihn mit dieser Aufgabe auf die Reise schickte, hatte er noch eine wirklich gute Nachricht für seinen angeschlagenen Diener. Damit hatte Elia nicht gerechnet:

»Elia, siebentausend Menschen gibt es in Israel, die sich geweigert haben, den Götzendienst des Königspaares mitzumachen. Siebentausend bekennende Juden, die mir die Treue gehalten haben. Elia, du bist nicht allein!«

Ich war auch nicht allein, nicht eine Minute lang. Und Sie sind es auch nicht. Aber nicht immer sehen wir das. Wir sind so in unseren negativen Gedanken gefangen, dass wir die Wirklichkeit nicht mehr richtig einschätzen können. Menschen sind da, die an uns denken und für uns beten. Menschen, die wir vielleicht nicht einmal näher kennen.

Es war an einem unserer Lobpreisabende in der Gemeinde. Ich wartete zusammen mit anderen Seelsorgern auf Menschen, die sich segnen lassen wollten. Viele kamen. An diesem Abend kam jemand auf mich zu, und ich fragte die Person, was ich für sie tun könne. Sie schaute mich an und sagte: »Ich habe den Eindruck, ich sollte Sie fragen, was ich für Sie tun kann. Ich würde gerne für Sie beten.« Das war so echt und teilnahmsvoll, dass ich nur ein, zwei Sätze sagen konnte. Wie froh war ich, dass an diesem Abend auch für mich gebetet wurde.

Gott ist gut! Er kümmert sich um uns, so wie er sich damals um Elia kümmerte. Er zeigte ihm seine Fürsorge noch auf andere Weise. Zwar war es für den Propheten eine große Freude, dass es in Israel noch siebentausend treue Diener Gottes gab, aber auch inmitten von so vielen Gläubigen kann man sehr einsam sein. Gott ging noch einen Schritt weiter: Er schenkte Elia einen engen Freund und Nachfolger:

»Als Elia wieder in Israel war, suchte er Elisa, den Sohn Schafats, auf ... Elia kam ihm über das Feld entgegen, warf ihm seinen Mantel über die Schultern und ging weiter ... Da eilte Elisa nach Hause und bereitete für seine Familie ein Abschiedsessen zu. Er schlachtete die beiden Rinder, mit denen er gepflügt hatte, machte mit dem Holz ihres Jochs ein Feuer und briet das Fleisch daran. Danach schloss er sich Elia an und wurde sein Diener.« *(1. Könige 19,19-21)*

Elia hatte die Höhle verlassen. Er hatte wieder ein Ziel. Die Depression war vorbei. Er kehrte zurück nach Israel und fand dort einen Freund und Nachfolger.

Elia war nicht mehr allein. Und auch Sie sind nicht allein. In keinem Augenblick. Selbst wenn Sie von aller Welt verlassen sind, so ist Gott doch bei Ihnen. Wenn Sie ganz still werden, wenn Sie das Angesicht Gottes suchen, dann hören Sie es: das ganz leise, feine Reden Gottes, den sanften Wind des Heiligen Geistes. Der Dichter Rudolf Kögel schrieb 1852 folgende Zeilen:

»Zions Stille soll sich breiten um mein Sorgen, meine Pein;
denn die Stimmen Gottes läuten Frieden, ew'gen Frieden ein.
Ebnen soll sich jede Welle, denn mein König will sich nah'n;
nur an einer stillen Stelle legt Gott seinen Anker an.
Was gewesen, werde stille, stille, was dereinst wird sein.

All mein Wunsch und all mein Wille geh'n in Gottes Willen ein.«[19]

Für Elia begann mit der Berufung Elisas ein neuer Lebensabschnitt. Nun lag die Verantwortung für das Volk nicht mehr allein bei ihm. Er hatte einen Nachfolger gefunden, dem er den Prophetenmantel überreichte. Gott hatte Elisa berufen, und der zukünftige Nachfolger wich Elia von da an nicht mehr von der Seite.

Nachdem ich meinen Zusammenbruch überwunden hatte, wurde ich immer wieder gefragt: »Sie haben das doch erlebt. Sie hatten doch so einen ›Burnout‹. Wie sind Sie da wieder herausgekommen? Was haben Sie gemacht?«

Die Antwort ist komplex und die Frage nicht ganz einfach zu beantworten. Viele Faktoren kamen zusammen: Ich war einen längeren Zeitraum unter ärztlicher Aufsicht. Ich hatte wertvolle Zeit bei Freunden verbracht und so die nötige psychische und physische Distanz zu meiner Arbeit gewonnen. Ich machte eine Kur. Und schließlich verbrachte ich noch einige Zeit im zauberhaften Schweden.

Von diesem hilfreichen Urlaub habe ich ja noch gar nichts erzählt. Seit vielen Jahren fahren wir in den Norden, um unsere Ferien dort zu verbringen. Auch für das Krisenjahr war eine Reise geplant. Doch diesmal war nichts Routine, alles war anders. Nichts war mehr selbstverständlich, vieles machte mir Angst. Ich war ganz schnell am Ende meiner Kraft und meiner Möglichkeiten. Was ich zunächst niemandem gestand: In mir wuchs Furcht vor unserem Urlaub in Schweden. Wir wollten an einem Freitag Ende Juli losfahren. Doch bereits am Donnerstagabend war ich am Ende. Nach einem langen Gespräch mit meiner Frau und lieben Verwandten, die gerade zu Besuch bei uns waren, kamen wir zu dem Ergebnis: Wir würden nicht nach Schweden fahren, sondern ich würde noch einmal versuchen, bei unseren Freunden außerhalb von Bremen unterzukommen.

---

[19] Gemeindelieder. Bundes-Verlag, Witten 1988

Esther rief sofort dort an, erreichte aber niemanden. Beim anschließenden Abendspaziergang machten mein Schwager und meine Schwägerin einen überraschenden Vorschlag: Sie wollten uns nach Schweden begleiten, einige Tage bei uns bleiben und mir so Sicherheit geben. Ich konnte mir das nicht recht vorstellen. Vor der weiten Fahrt graute mir. Ich kam schon zu Hause nicht zurecht, wie sollte es erst in der Ferne sein? Für mich stand fest: Wir fahren nicht. So gingen wir ins Bett, und mit dem sicheren Gefühl, am nächsten Morgen nicht nach Schweden fahren zu müssen, konnte ich gut schlafen.

Dann geschah etwas, das ich für mich gern in die Kategorie »Gottes besondere Führung in meinem Leben« einordne. Am nächsten Morgen wurde ich um Punkt fünf Uhr wach. Gott sagte auf seine Weise zu mir: »Klaus, was machst du hier? Komm raus aus der Höhle!« Plötzlich kam mir der Gedanke: »Jetzt könnten wir eigentlich fahren.« Ich drehte mich noch einmal im Bett um, aber der Gedanke ließ mich nicht los. Schließlich weckte ich meine Frau, sie weckte unsere Verwandten, und eineinhalb Stunden später saßen wir im Auto und waren unterwegs nach Schweden.

Die Fahrt verlief wunderbar entspannt: Das Wetter wurde immer besser, und Hamburg ließen wir ohne Stau hinter uns. In gut zwei Stunden waren wir in Puttgarden und bekamen gleich die erste Fähre. Nachmittags um drei erreichten wir Halmstadt, erledigten gleich ein paar nötige Dinge und fuhren weiter nach Haverdal. Den Rest des Tages verbrachten wir bei schönstem Wetter am Strand. Ich war in Schweden – und wusste nicht so recht, wie mir geschah. Ich war nicht mehr in der Höhle. Ich saß in der Sonne! Kennen Sie solche Situationen, in denen man den Eindruck hat: Jetzt setzt Gott noch eins drauf? Augenblicke, in denen man keinen Ton mehr herausbringt, weil einen die Treue und Güte Gottes überwältigt?

Unser erster Tag in Schweden neigt sich dem Ende zu. Es war Abend geworden. Wir saßen zu viert auf der Veranda beim Abendessen, als plötzlich ein Rehbock in unserem Garten stand, uns direkt und ganz ruhig anschaute und dann ohne Hast weiterging. Auf uns wirkte dies wie die Berührung durch eine andere Welt.

Wir hörten das Murmeln der Engel, den unübersehbaren Hinweis auf die Fürsorge Gottes. Nie zuvor und auch nie mehr danach haben wir Ähnliches wieder erlebt.

Die Tage mit unseren Verwandten wurden zu einem unvergesslichen Ferienerlebnis. Wir verstanden uns ausgezeichnet und erlebten eine tiefe geistliche Begegnung. Am Sonntag dauerte das Frühstück mit anschließender Andacht drei Stunden. Jesus war uns ganz nahe und beschenkte uns reich. Das war unser aller Eindruck. Wir genossen die herrliche Landschaft, das traumhafte Wetter, das gute Essen und feierten das Abendmahl bei Sonnenuntergang auf den Felsen an der Küste.

Wie stark und eindrucksvoll wir diese Fürsorge Gottes wahrgenommen haben, hat meine Frau mit ihren Worten festgehalten:

»Du bist da! Wenn unser Planen stecken bleibt in vielen Fragezeichen – du bist da!

Du weckst uns und gibst die Sicht für einen Tag, verwandelst Unsicherheit in Gewissheit und Freude.

Du ebnest den Weg, deine Sonne ist bei uns. Du nimmst uns auf in Wärme und Staunen und sagst uns – selbst durch Rehbock und Specht – ›Willkommen, fühlt euch wohl!‹

Du sitzt mit uns am reich gedeckten Frühstückstisch, genießt mit uns, was deine Hand geschaffen hat.

Wir lachen – du bist Freude,

wir weinen – du bist Friede,

wir schauen zurück in unser Leben – du bist gnädig und barmherzig.

Und nach drei Stunden, bei Würstchen und der dritten Kanne Tee, bist du immer noch da.

Wir hören dich in der Musik, du sprichst zu uns durch Bücher, du lässt dich fühlen im feinen Sand und in den Wellen.

Und du sagst: ›Genießt es, ruht euch aus, ich hab euch lieb!‹

Wie ein schöner Tag, so endet auch Gemeinschaft, mit Brot und Wein inmitten der Welt und doch auf dem Felsen, auf dem er seine Gemeinde baut.

Wir – das weiß er –, wir wollen weiter hören, lernen, uns an seiner Gegenwart zu erfreuen.«

»Jetzt fiel es ihnen wie Schuppen von den Augen: Haben wir nicht im Innersten gespürt, dass es Jesus ist, als er unterwegs mit uns sprach und uns die Verheißungen der Heiligen Schrift erklärte.« *(Lukas 24,32)*

Die Zeit mit Reinhold und Regula ging am Dienstag zu Ende. Esther und ich hatten noch eine gemeinsame Woche vor uns. Das Wetter hätte nicht besser sein können, und auch mir ging es von Tag zu Tag besser. Gegen Ende der zweiten Woche konnte ich das erste Mal seit langem wieder ohne Schlaftabletten einschlafen.

Meine innere Verfassung war in dieser Zeit trotz spürbarer Fortschritte immer noch ein Auf und Ab. Einerseits konnte ich zunehmend das Leben wieder genießen, andererseits gab es fast jeden Tag etwas, was mir Angst machte: plötzliche Zahnschmerzen, scheinbare Probleme am Auto, Gedanken über die Zukunft und anderes mehr. Aber immer wieder redete Gott zu mir. Einmal sprach er durch einen Brief, den ich schon zu Anfang der Ferien von einer Bekannten erhalten hatte. Wir hatten sie überraschend mit ihrem Mann in Bremen getroffen. Sie schrieb mir: »Wenn ich in den letzten Tagen an dich/euch dachte, fiel mir immer wieder Psalm 121 ein, ... und ich hatte den Eindruck, ich sollte ihn dir einfach zusprechen, auch besonders für den Urlaub.« Für mich wurden die Verheißungen dieses Psalms schließlich zur Gewissheit, dass Gott uns diesen Urlaub schenkte und ich nichts zu befürchten hatte:

»Ich hebe meine Augen auf zu den Bergen. Woher kommt mir Hilfe? Meine Hilfe kommt vom Herrn, der Himmel und Erde gemacht hat. Er wird deinen Fuß nicht gleiten lassen, und der dich behütet, schläft nicht. Siehe, der Hüter Israels schläft noch schlummert nicht. Der Herr behütet dich; der Herr ist dein Schatten über deiner rechten Hand, dass dich des Tages die Sonne nicht steche, noch der Mond des Nachts. Der Herr behüte dich vor allem Übel, er behüte deine Seele. Der Herr behüte deinen Ausgang und Eingang von nun an bis in Ewigkeit!«

Gott redete auch durch eine Fülle von Sprüchen und Gedanken zu mir, so zum Beispiel durch ein Zitat von Viktor Frankl, das ich in einem Buch von Charles Swindoll fand: »Der Grund, weshalb heute so viele Menschen unglücklich sind und Hilfe bei der Bewältigung ihres Lebens brauchen, besteht darin, dass ihnen der Sinn der menschlichen Existenz nicht klar ist. Erst wenn wir begreifen, dass das Leben kein Vergnügungspark ist, sondern eine Aufgabe, die jedem Einzelnen gestellt wird, können wir ein sinnerfülltes Leben führen und wahrhaft glücklich werden.«

Eine SMS meiner Schwester mit einem Vers aus dem Buch Hiob erreichte mich während des Urlaubs in Schweden, und auch diese Nachricht schien mir wie ein direktes Wort Gottes an mich:

»So reißt er auch dich aus dem Rachen der Angst in einen weiten Raum, wo keine Bedrängnis mehr ist; und an deinem Tisch, voll von allem Guten, wirst du Ruhe haben.« *(Hiob 36,16)*

Auf einmal verstand ich auch den vorangehenden Vers sehr gut:

»Aber den Elenden wirst du durch sein Elend erretten und ihm das Ohr öffnen durch Trübsal.« *(Hiob 36,15)*

Die schweren Stunden unseres Lebens nicht als Fluch, sondern als Segen zu begreifen, das ist mit Sicherheit keine leichte Übung, und es ist eine Entwicklung, die sehr viel Zeit braucht. Und doch ist es ein besonderes Zeichen geistlichen Wachstums.

Gegen Ende unserer Ferien in Schweden kamen auch noch unser ältester Sohn und seine Frau zu Besuch. Wieder war es eine schöne gemeinsame Zeit, mit vielen Stunden am Strand, heiß umkämpften Canasta-Spielen und gutem Essen. Als die beiden am Sonntagmittag wieder abfuhren, war auch unsere Zeit in Schweden fast zu Ende. Wir fuhren am Mittwoch bei strömendem Regen heimwärts. Die Aussicht auf zu Hause war für mich allerdings immer noch mit dem bangen Fragen verbunden, wie ich wohl daheim klarkommen würde.

Doch auch in Bremen sorgte Gott weiter für mich. Heute staune ich, welche Geduld er dabei mit mir hatte. Jeden Menschen hätte ich mit meinen täglichen Nöten längst genervt. Gottes Geduld und Güte jedoch war schier unerschöpflich und hielt für mich immer wieder eine Überraschung bereit. Auf der Rückfahrt nach

Bremen war es zum Beispiel eine Kassette mit einer Predigt von einem bekannten Prediger, der mir in seiner theologischen Ausrichtung allerdings nicht sehr nahe steht. Ein Gemeindemitglied hatte mir die Aufnahme nach Schweden mitgegeben, und ich hatte halbherzig versprochen, sie mir anzuhören. Auf der Rückreise fiel mir die Kassette dann erneut in die Hände, und ich legte sie ein. Die Predigt überraschte mich: eine Auslegung von Psalm 23. Der gute Hirte sprach erneut auf unvergessliche Weise zu mir. Der folgende Satz erwies sich als besonders eindrücklich: »Segen beginnt da, wo wir unabhängig von allen Wünschen und Lösungen für unser Leben ihn um seiner selbst willen suchen.«

Ich hörte diese Worte und fühlte mich eigenartig ertappt. Wie oft, fast zwangsläufig, wandte ich mich Gott erst dann zu, wenn es um Erleichterung meiner Lebensumstände ging. Ihn um seiner selbst willen zu suchen, loslassen zu können und eine Begegnung mit ihm nicht von den äußeren Umständen abhängig zu machen – für mich öffnete sich ein Stück die Tür zum Himmel, und ich erahnte ganz neue Erfahrungen mit dem Gott, der uns so sehr liebt.

Die ersten Tage, die ich dann wieder zu Hause verbrachte, verliefen sehr gut. Ich nahm nach langer Zeit wieder an der Sitzung der Gemeindeleitung teil und stand endlich einmal wieder auf der Kanzel, wenn auch nur zu einem kurzen Gruß.

Aber schon nach kurzer Zeit wurde die Lage wieder schwieriger. Die dunklen Gedanken kehrten zurück. Der innere Druck nahm nicht ab, und bald war ich wieder ganz unten im Tal. Es war offensichtlich, dass ich erneut fachärztliche Betreuung benötigte. Und wieder schrieb mein Arzt mich krank. Alles dauerte so schrecklich lange. An manchen Tagen konnte ich mir die Rückkehr in ein normales Leben nicht mehr vorstellen. Nichts schien mir mehr sicher. Ich dachte nun ernsthaft darüber nach, meinen Beruf aufzugeben und irgendwo neu anzufangen, in einem Beruf, der mich nicht mehr so fordern würde.

Ein Grund für die erneute Abwärtsspirale war ein stetiger Trugschluss, der mein Handeln und Empfinden bestimmte: Ich machte meine innere Verfassung von den jeweiligen Umständen abhängig. Veränderte sich etwas zum Guten oder zu meiner Entlastung, so empfand ich darüber kurzfristige Erleichterung, allerdings ohne nachhaltige Wirkung. Erst mit der Zeit begriff ich, dass es eine innere Freiheit geben muss, die uns – unabhängig von den Umständen – zufrieden sein lässt.

In dieser Zeit begann ich, immer mal wieder ein Gebet zu sprechen, das ich in einem der vielen Bücher gefunden hatte, die ich in dieser Zeit gelesen habe: »Herr, ich möchte, wenn meine letzte Stunde kommt, sagen können: Ich gehe jetzt zu meinem Gott, der mich unendlich liebt und der mir die Angst genommen hat!«

Ich wünsche mir so sehr, dass mein verborgenes Leben mit Gott, das keiner sieht, wo es nur um meinen Herrn und mich geht, so intakt und haltbar ist, dass kommen kann, was will. Den Frieden in Jesus kann mir niemand rauben. Ich will mein Herz behüten, unabhängiger werden von Menschen und Situationen. So wie Mary Slessor, jene Missionarin, deren Beispiel mich tief beeindruckt hat. Vor über hundert Jahren bereiste sie das Innere Afrikas, um den Leuten dort die gute Nachricht zu bringen. Sie schrieb von einer ihrer Reisen: »Ich stellte keine allzu hohen Ansprüche mehr an mein Bett, aber während ich so auf einem Stapel schmutziger Bretter lag, die mit dem Abfall schmutziger Maishüllen bedeckt waren, umgeben von unzähligen Ratten und Insekten, drei Frauen und ein drei Tage altes Baby neben mir und mehr als ein Dutzend Schafe und Ziegen draußen, wunderte ich mich nicht mehr darüber, dass ich kaum schlafen konnte. In meinem Herzen jedoch hatte ich eine durchaus gemütliche und ruhige Nacht.«[20]

Wieder sorgte Gott für eine hilfreiche Fügung: Ein lieber Kollege rief überraschend an – wie die unmittelbare Antwort auf einen inneren Hilferuf. Er besuchte mich gleich am nächsten Tag. Und ein befreundeter Arzt verschrieb mir ein Mittel, das endlich den erhöhten Blutdruck senkte. Schließlich beteten die Ältesten unserer Gemeinde für mich, der neutestamentlichen Anweisung in Jakobus 5 folgend. Heute frage ich mich, warum ich diesen Dienst nicht eher in Anspruch genommen habe, wo ich doch

---

[20] Gordon MacDonald: Ordne dein Leben. Projektion J Verlag, Asslar 1992

meine Gemeindemitglieder immer wieder dazu auffordere. Sicherlich, viele Menschen beteten für mich, aber jetzt spürte ich, dass ich auch an dieser Stelle gehorsam sein sollte.

Am darauf folgenden Morgen führte ich ein gutes Gespräch mit meinem Arzt, das mir die Augen öffnete. Nach all den Jahren, in denen ich meine Angst immer als Folge körperlicher Schwäche gesehen hatte, erkannte ich, dass es vielleicht genau umgekehrt war: Ich hatte schon so lange Angst – wovor auch immer –, und die körperlichen Symptome waren eine Folge der Angst. Nun wollte ich auch wissen, woher diese Angst kam. Und so empfahl der Arzt mir schließlich eine längere Therapie.

Von da an ging es stetig besser. Auf Anraten des Mediziners hatte ich mich nicht verkrochen, sondern die Vorbereitungen und dann die Hochzeit unserer Tochter Miriam sehr bewusst miterlebt. Die standesamtliche Hochzeit mit einem anschließenden gemeinsamen Essen in unserem Garten ebenso wie all die Unruhe um die Vorbereitungen für die Hochzeit konnte ich verkraften, und auch die Hochzeit selbst mit der kirchlichen Trauung und der anschließenden Feier stellte kein Problem dar. Bis in die Nacht war ich dabei.

Die weiteren Wochen vergingen ohne besondere Vorkommnisse. Mir wurde dabei immer stärker bewusst: Es geht weiter, Gott geht mit mir weiter! Die stille Zeit mit Gott, die mir früher oft schwergefallen war, wurde jetzt zu einer unverzichtbaren Quelle neuer Kraft. Ich fing an, meine Gebete niederzuschreiben und die besonderen Eindrücke eines Tages festzuhalten. Die Mahnung, auf die Gesundheit meiner Seele zu achten, nahm ich sehr ernst. Gordon MacDonald schreibt: »Wir müssen uns dazu entschließen, unser Herz zu behüten. Seine Gesundheit und Produktivität kann nicht einfach vorausgesetzt werden; es muss ständig beschützt und gepflegt werden.« Damit hat er Recht, und ich möchte das nie mehr vergessen.

Im Winter 2001 nahm ich meine Arbeit wieder auf, zunächst sehr vorsichtig und deutlich entlastet durch den Gemeindevorstand und leitende Mitarbeiter. Ich konnte es kaum fassen: Ich war wieder mit dabei. Die Tage in der Wüste gingen zu Ende.

Gottes Sorge um uns trägt unverwechselbare Züge. Er ist der ewige, unveränderliche Gott. So wie er Elia versorgte, David auf den richtigen Weg zurückführte und Nehemia stärkte, so kümmert er sich auch um mich. Ich wiederhole es noch einmal: Wenn nichts mehr geht, schenkt Gott uns Ruhe, damit wir wieder zu Kräften kommen. Plötzlich ist Entspannung möglich, obwohl wir uns beim besten Willen nicht vorstellen konnten, dass wir Zeit dazu hätten.

Deshalb: Suchen Sie die Ruhe! Sagen Sie nicht, Sie hätten dafür keine Zeit! Das ist Unsinn. Wenn Sie mit einem Herzinfarkt im Krankenhaus liegen, haben Sie plötzlich alle Zeit der Welt. Seit jenen Monaten begleitet mich ein Bibelvers, der mir sehr wichtig geworden ist:

»Behüte dein Herz mit allem Fleiß, denn daraus quillt das Leben.« *(Sprüche 4,23)*

Das ist Gottes Weisheit und Gnade. Er wird uns nie im Stich lassen. Jemand hat es schön formuliert: Gott hat keine Enkelkinder. Er schenkt uns immer seine Aufmerksamkeit, nicht nur in guten Tagen und für eine kurze Zeit. Gott hat nur Kinder, die jeden Tag, jede Stunde seiner besonderen Fürsorge gewiss sein können. Er sorgt für uns genauso, wie er für Elia gesorgt hat. Hören Sie hin. Nehmen Sie sich Zeit für die Stille. Wenn Sie nicht auf Gott hören, kann er nicht zu Ihnen sprechen!

Eins möchte ich noch betonen: In Krisenzeiten muss uns neu deutlich werden, dass wir nicht alleine sind. Elia lernte Elisa kennen. Der Prophet bekam einen Freund und Nachfolger, und Gott öffnete ihm den Blick für die Gemeinde. Siebentausend Menschen, die Gott treu geblieben sind und auf Elias Seite waren. Auch wir sind nicht alleine!

Gott zeigt uns das manchmal ganz hartnäckig, und in meinem Fall sogar mit Humor. Am letzten Tag meiner Kur in Gunzenhausen gingen Esther und ich abends noch durch den Ort. Es war ein regnerischer, dunkler Abend. Nichts war los. Die meisten Lokale waren geschlossen. Wir zwei kamen uns recht alleine und verlassen vor. Gerade wollten wir uns auf den Heimweg machen, da kam uns ein junger Mann entgegen. Ich sah ihn an, traute meinen Augen nicht und sagte zu Esther: »Da kommt Jesus!« Sie schaute mich erstaunt und ein wenig kritisch an. Verübeln konnte ich es ihr nicht nach allem, was sie mit mir durchgemacht hatte. Aber es war wirklich Jesus, oder doch zumindest der junge Mann, der in einem Theaterstück in unserer Gemeinde den Jesus gespielt hatte, ein Schauspieler aus Süddeutschland. Er hatte an diesem Tag ein Engagement in eben diesem Ort und war jetzt auf der Suche nach einem Lokal, um noch etwas zu essen. Wir aßen gemeinsam zu Abend und haben dabei über dieses Wiedersehen gestaunt und nicht an einen Zufall glauben können.

Wir sind nicht allein. Gottes Volk ist größer, als wir es uns vorstellen können. Überall begegnen wir Menschen, die unsere Passion teilen, an Jesus glauben und sich auf den Himmel freuen.

Ich habe einmal zwei alte Damen unserer Gemeinde besucht. Die eine wohnt in einem Seniorenheim und hört schon sehr schlecht. Vor einiger Zeit hatte sie in ihrem Zimmer, so wie sie das immer macht, laut gebetet. Ohne dass sie es bemerkt hatte, war eine Pflegerin in das Zimmer gekommen, hatte sie beobachtet und zugehört. Am nächsten Tag sagte diese Frau zu der alten Dame: »Ich habe noch nie in meinem Leben eine Frau so beten hören.« Sie war tief bewegt! Sie hatte etwas von der Gegenwart Gottes im Leben dieser Frau gespürt. In einem anderen Menschen war sie Gott begegnet.

Die andere alte Dame lebte bei ihrer Tochter. Ihr ging es zu diesem Zeitpunkt schon nicht mehr gut. Sie konnte kaum noch laufen und verbrachte die meiste Zeit des Tages im Bett. Aber an diesem Nachmittag erzählte sie mir begeistert von ihrem Leben in der Gemeinde. Ein Leben lang gehörte sie nun verbindlich dazu. Alle ihre Kinder waren in der Gemeinde zum Glauben gekommen. In den vielen Jahren, die sie in Hamburg wohnte, war sie mit ihrem Mann dreimal in der Woche zur Gemeinde gegangen: zum Chor, zum Abendgottesdienst und am Sonntagmorgen. Das bedeutete jedes Mal dreißig Minuten Fußweg hin und dreißig Minuten wieder zurück. Wir feierten zusammen das Abendmahl, und am Schluss schaute sie mich ganz ernst an und fragte mich: »Pastor Pache, würden Sie ohne Jesus leben wollen?« Da konnte ich nur den Kopf schütteln und murmeln: »Nein, niemals!« Sie war in der kleinen Wohnung nicht einen Augenblick allein. Gott war ihr jeden Tag nah. Jetzt ist sie bei ihm und sieht ihn in seiner Herrlichkeit.

Es bleibt eine letzte Frage: Was war der entscheidende Augenblick? Wann änderte sich für Elia alles? Erinnern Sie sich? Elia klagte ein zweites Mal: »Ich bin übrig geblieben, ich allein. Und nun trachten sie auch mir nach dem Leben!«

Was erwiderte ihm da der allmächtige Gott? »Elia, geh den Weg durch die Wüste wieder zurück und weiter nach Damaskus! Salbe dort Hasaël zum König über Syrien!«

Gott half Elia, von sich selbst wegzusehen, das Wesentliche zu begreifen und neues Land zu betreten. Es wartete eine neue Aufgabe auf ihn. Ein neuer Lebensabschnitt begann. Zukunft war da und Hoffnung! Im Neuen Testament lesen wir:

»Lasst uns aufsehen zu Jesus, dem Anfänger und Vollender des Glaubens.« *(Hebräer 12,2)*

Wenn wir nicht mehr können, wenn wir Angst haben, wenn uns alles nur noch schrecklich erscheint, dann brauchen wir einen Blickwechsel: Lasst uns aufsehen zu Jesus!

Kapitel 7

Wenn wir nur in uns selbst ein Bedürfnis entdecken, das durch nichts in der Welt gestillt werden kann, dann können wir daraus schließen, dass wir für eine andere Welt erschaffen wurden.

C. S. LEWIS

Deine Augen werden den König sehen in seiner Schönheit; du wirst ein weites Land sehen.

JESAJA 33,17

Du stellst meine Füße auf weiten Raum.

PSALM 31,9

Über den Horizont hinaus – vom Himmel schwärmen

Zum ersten Mal in meinem Leben war ich einer der Sargträger. Auf dem kleinen Friedhof des Landheims Salem wurde die ehemalige Leiterin des Werkes, Mutter Ernestine, zu Grabe getragen.

Ernestine von Trott zu Solz war eine äußerst couragierte Frau gewesen. Ihr Leben gehörte allein Jesus. In jungen Jahren hatte sie die Sicherheit ihrer adeligen Herkunft verlassen und ein Haus als Zufluchtsstätte für heimatlose junge Frauen gegründet: das Landheim Salem. Bei ihrer Beerdigung sprach der Pastor, der die Trauerpredigt hielt, über Jesaja 33,17: »Deine Augen werden den König sehen in seiner Schönheit!«

Den Augenblick werde ich nie vergessen: das offene Grab, unsere Betroffenheit und unser Glaube, so klar und überzeugend wie selten zuvor: Wir werden ihn sehen in seiner Schönheit! Ich spürte eine starke Wehmut und gleichzeitig erfüllte mich eine unerklärliche Freude. Der Himmel berührte die Erde. Zu gerne hätte ich einen Blick in jene Welt geworfen und Jesus in seiner Schönheit gesehen.

Es gibt Momente im Leben, da spüren wir: Plötzlich ist der Himmel ganz nahe, die Vorstellung der Ewigkeit hat nichts Befremdliches mehr, und die Sehnsucht nach Gott wird offensichtlich. Manchmal fühlen wir das, oft aber auch nicht. Was ist nur los mit uns? Warum haben wir Angst, wenn doch der, dem die ganze Welt gehört, unser Vater ist? Warum klammern wir uns an dieses Leben, haben große Furcht vor Krankheit und Tod, wenn wir hier doch gar nicht zu Hause sind?

Keine Sorge, ich will jetzt nicht einer falschen Weltflucht das Wort reden. Dafür lebe ich viel zu gerne. Ich genieße diese Welt und freue mich an den Gaben Gottes. Und doch habe ich einen völligen Zusammenbruch erlebt und weiß, was Angst ist. Wir müssen vom Himmel reden, ganz konkret und nicht verschwommen. Jetzt und nicht irgendwann. Viele Christen verdrängen den Gedanken an die Ewigkeit. Sie haben fast Angst davor. Die Herrlichkeit Gottes ist etwas Vages, Unbestimmtes, etwas Unbekanntes. Es ist fast ein bisschen unangenehm, darüber zu sprechen. Woher will man wissen, was wirklich nach dem Tod kommt? Zweifellos kann der Gedanke an den Himmel etwas sehr Schönes sein, aber in der Regel ist uns das »Jenseits« doch eher unheimlich.

Wir haben Angst vor dem Ende unseres Lebens, vor dem Tod. Alle Angst in dieser Welt hat diesen sehr realen, dunklen Hintergrund. Der Begriff »Angst« kommt von dem Wort »Enge«. Alles, was uns einengt, macht uns Angst. Und der Tod engt uns am meisten ein. Endgültig, wie es scheint. Wir müssen das Vertraute hinter uns lassen und wissen nicht, was kommt. Das heißt, als Christen wissen wir es, nur können wir es uns nicht so richtig vorstellen.

Wo immer es in unserem Leben eng wird, greift die Angst nach uns. Wir verlieren die Kontrolle und befürchten Schlimmes.

Ich hatte ein Leben lang Angst, ohne es mir einzugestehen. Ich hatte Angst, Vertrautes zu verlieren, Angst, zu versagen, Angst vor Krankheit und Tod. Mit zehn Jahren lag ich sechs Wochen im Krankenhaus und hatte Angst. Einige Jahre später wurde eine schlichte Mandeloperation zu einem Fiasko. Zweimal musste ich nachoperiert werden, weil die Wunde sich nicht schloss. Den

Blinddarm wurde ich auf spektakuläre Art und Weise los. Drei Operationen waren nötig, bis ich endlich nach vier Wochen das Krankenhaus verlassen konnte. Wie gerne würde ich Ihnen nun erzählen, dass der Friede Gottes mich in diesen Zeiten begleitet hat, dass ich mich geborgen und bewahrt fühlte. Aber so war es leider nicht. Vor allem hatte ich Angst, und nach all diesen Erfahrungen habe ich immer das Schlimmste angenommen.

Mir ging es oft so wie Thomas, dem eher skeptischen und ängstlichen Jünger Jesu. Im Johannesevangelium wird berichtet, dass Jesus nach Betanien reisen wollte, um seinem gestorbenen Freund Lazarus zu helfen. Das war keine ungefährliche Unternehmung, da Betanien in Judäa lag, wo sich die Pharisäer und Schriftgelehrten bereits gegen Jesus verschworen hatten. Thomas hat für ein solches Vorhaben nur eine fatalistische Bemerkung übrig:

»Lasst uns mit ihm gehen, dass wir mit ihm sterben!« *(Johannes 11,16)*

Mehr als einmal in meinem Leben hatte ich ähnlich mutlose Gedanken. Aber zwei tief greifende Erlebnisse haben mich verändert. Vielleicht nicht sofort, dafür aber umso nachhaltiger. Das erste Erlebnis war 1988, als ich mit Verdacht auf Herzinfarkt in das katholische Krankenhaus in Jakarta eingeliefert wurde. Ich lag auf einem Bett in der Notaufnahme, mein Herz schlug sehr unregelmäßig, und ich dachte, es ginge zu Ende. Mit einem Mal wurde ich ganz ruhig. Ich hatte schreckliche Sehnsucht nach meiner Frau und meinen Kindern, aber auf einmal konnte ich sie loslassen, sie Gottes Fürsorge anvertrauen und sagen: »Herr, wenn es sein soll, dann komme ich jetzt zu dir, und dann ist es gut so.« Da spürte ich den Frieden, der höher ist als alle Vernunft, Gottes Frieden. Mehr weiß ich nicht. Einige Zeit später erwachte ich in einem normalen Krankenhausbett, und mein Leben ging weiter.

Die zweite prägende Erfahrung machte ich im Sommer 2001 während der Kur in Gunzenhausen. Meine Angst schien bodenlos – und ein normales Leben nicht mehr vorstellbar. Da bat ich Gott, mich zu sich zu holen. Ich wollte nicht mehr. Bitte verstehen Sie mich nicht falsch: Ich wollte mir nicht selbst das Leben nehmen.

Das war zu keiner Zeit eine Option. Aber ich war bereit zu gehen. Heute denke ich oft an diese Zeit zurück, wenn es wieder eng zu werden droht: »Klaus, erinnere dich an die Tage, als du am liebsten gegangen wärst. Was kann dir eigentlich passieren?«

Der Himmel wartet auf mich, ein weites Land ohne Angst in der Gegenwart meines Königs, an seinem Tisch, in seiner Nähe. Die Ewigkeit erwartet uns, Sicherheit und Frieden, eine ewige Geborgenheit ohne den Schrecken verrinnender Zeit. Die Herrlichkeit Gottes hat kein Verfallsdatum!

Mein ganzes Leben lang begleitet mich eine heimliche Sehnsucht. Ein Gedanke lässt mich nicht los: »Da muss es doch noch mehr geben!« Schon als Kind empfand ich die Zeit vor großen Ereignissen, die Zeit vor den Festtagen, die Zeit vor dem Geburtstag, die Zeit vor den großen Ferien als besonders spannend und wichtig. Aber immer fiel es mir schwer, mich damit abzufinden, dass diese besondere Zeit auch wieder vorbeigeht.

Als ich zehn Jahre alt war, zog unsere Familie in eine neue Wohnung. Mein Vater hatte ein altes Haus gekauft, das in den folgenden Jahren Stück für Stück renoviert wurde. Wir zogen in eine der Wohnungen. Es war aufregend, unsere neuen Zimmer einzurichten, die ersten Tage in der neuen Wohnung zu verbringen und mit dem Fahrrad die unmittelbare Nachbarschaft zu erkunden. Aber irgendwann verlor das Neue seinen Reiz.

Schon immer habe ich mich auf die hohen Festtage der Christenheit gefreut, besonders auf Weihnachten. Ich liebe es, wenn meine Frau das Fest vorbereitet, die Wohnung nach Weihnachtsplätzchen riecht und ich den einen oder anderen Schrank nicht mehr öffnen darf. Ich freue mich auf unsere Weihnachtsgottesdienste und strecke alle viere von mir, wenn ich am Heiligen Abend dann mit der Familie endlich am Tisch sitzen darf und wir unser Käsefondue essen. Dann will ich die Zeit anhalten, die Welt umarmen und alles vergessen.

Ich freue mich schon lange vor Urlaubsbeginn auf die geplante Reise. Ich bin bereits aufgeregt, wenn wir anfangen, die Koffer zu packen die Straßenkarten und Wagenpapiere zurechtzulegen, wenn ich den Wagen volltanke und den Reifendruck überprüfe.

Die Vorfreude hält an, wenn es dann endlich losgeht, wenn wir die vielen Kilometer bis zur Grenze unterwegs sind, während der Überfahrt mit der Fähre, auf den ersten Kilometern in Schweden, auf unserer kleinen Straße. Wir steigen aus dem Auto, und es riecht so wie in all den Jahren zuvor. Wir sind wieder da und genießen jeden Tag. Und jeden zweiten Tag denke ich: Bald ist es wieder vorbei. Ob wir nächstes Jahr wiederkommen?

Bis heute finde ich mich nur schwer damit ab, dass wir solche Momente nicht festhalten können. Ebenso schwierig ist es, wenn lang Ersehntes zum Normalen wird und seinen Reiz verliert. Das, was wir festhalten wollen, entgleitet unseren Händen. Die Zeit vergeht, Stunden, die wir besonders genießen, rasen dahin.

2004 habe ich mein Dienstjubiläum gefeiert: Fünfundzwanzig Jahre sind Esther und ich nun schon in der Paulus-Gemeinde. In der Gemeinde gab es ein wunderschönes Fest, einen besonderen Gottesdienst und ein herrliches Büfett. Unser Lobpreisteam sang meine Lieblingslieder, und ich dachte: »Klaus, genieße es. So schnell ist alles wieder vorbei.«

Ich sehne mich nach einer Freude, die alle Zeit überdauert. Ich sehne mich nach Erfüllung, der die Routine nichts anhaben kann. Ich sehne mich nach Befriedigung, die nicht in Langeweile endet. Und – ich liebe das gute Ende einer Geschichte. Bücher und Filme ohne *Happy End* kann ich nur bedingt ertragen – und auch nur dann, wenn ein erkennbarer tieferer Sinn dahintersteht.

Kennen Sie die besondere Art internationaler, anspruchsvoller Filmkunst? Das sind Filme, die hin und wieder in den kleinen Programmkinos laufen oder aber auf Arte im Fernsehen zu sehen sind? Warum müssen solche Filme immer so tragisch enden? Warum muss ich am Ende meiner Frau einen entsetzten Blick zuwerfen und sie verzweifelt fragen: »Und jetzt?« Nach solch trüben Filmen hilft es mir, ein gutes Buch zu lesen. Zum Beispiel: »Das Lied des Baronets«[21] von George MacDonald. Hier entspringt das gute Ende nicht dem banalen Schema eines Groschenromans, sondern

---

[21] George MacDonald: Das Lied des Baronets. Francke-Buchhandlung, Marburg 2002

dem festen Vertrauen in den großen Gott, der uns Menschen wirklich liebt.

Zu meinen Lieblingsbüchern gehören auch die von C. S. Lewis, besonders die vielmals erwähnte Perelandra-Trilogie. Ich bekam diese Buchreihe über den englischen Gelehrten Ransom und seine Abenteuer wider Willen als vergriffenes Exemplar in einem Antiquariat und hüte sie wie einen Schatz. Der Protagonist darf unsere Welt verlassen und einen Blick in Gottes weites Universum werfen. Er darf den Tanz der Sterne sehen, und er ist überwältigt von dem weisen Plan, der sich ihm offenbart. Er bekommt eine Ahnung von einer Welt, in der der Sündenfall nicht stattgefunden hat, indem er einen Planeten besucht, dessen Kreaturen ein ungebrochenes Leben aus Gott führen. Schließlich wird er selbst zum Mitarbeiter Gottes, der den Einbruch der Sünde in diese Welt verhindern soll. Ransom wird Teil einer göttlichen Romanze, wie ich sie mir schöner, schwerer und erstrebenswerter nicht vorstellen kann. Diese Bücher vermitteln etwas von dem tiefen Sehnen in uns nach einer Geschichte, die größer ist als unser Alltag. Nach Zielen, die weiter reichen als unser kleiner Horizont. Nach der Gewissheit: Bevor die Welt geschaffen wurde, war meine Existenz bereits beschlossene Sache. In der Zeit dieser Welt bin ich gewollt, geachtet und unglaublich geliebt, und nach dieser Zeit werde ich an einem göttlichen Geschehen beteiligt sein, das alle meine Vorstellungskraft übersteigt.

Kennen Sie diese Sehnsucht? Dieses Sehnen tief in Ihnen nach Ewigkeit, nach einem Leben, das all die Möglichkeiten ausschöpft, die wir hier in dieser Welt oft nur schmerzvoll erahnen können?

Wir Menschen stellen immer wieder dieselben Fragen: Wohin gehen wir? Worauf hoffen wir? Was ist das Ziel unseres Lebens? Darauf kann es nur eine Antwort geben, und mit der müssen wir uns an dieser Stelle beschäftigen. In dieser Welt finden wir die Antwort jedoch nicht: Zu lange habe ich mein Glück in dieser Welt festgemacht. Kein Wunder, dass ich darüber gescheitert bin. Viel zu unsicher sind die Dinge, die wir oft zur Grundlage unserer Zufriedenheit und unseres Glücks erklären. Zu bedroht ist unsere kleine, scheinbar heile Welt. Zu groß ist unsere Sehnsucht, als dass irgendwer oder irgendwas sie hier stillen könnte.

Wir sind für den Himmel geschaffen, für eine neue Erde. Eines Tages werden wir sie sehen und uns ewig an ihr freuen können. Himmel – das ist der Ort, wo die Freude keine Grenzen kennt. Dort werden all die Dinge nicht mehr nach kurzer Zeit ihren Reiz verlieren oder schnell vorübergehen. Himmel – das ist unser wahres Zuhause. Gott hat uns diese Sehnsucht ins Herz gelegt. Er hat uns mit diesem Vakuum im Herzen geschaffen, das nur durch ihn selbst gefüllt werden kann. Wir sind auf ihn hin geschaffen:

»Gott hat die Ewigkeit in das Herz des Menschen gelegt.« *(Prediger 3,11)*

Wie sieht sie aus, die Erfüllung dieser unbeschreiblichen Sehnsucht in unserem Herzen? Darüber gibt es verlässliche Auskunft:

»Wir wollen euch aber, liebe Brüder, nicht im Ungewissen lassen über die, die entschlafen sind, damit ihr nicht traurig seid wie die anderen, die keine Hoffnung haben. Denn wenn wir glauben, dass Jesus gestorben und auferstanden ist, so wird Gott auch die, die entschlafen sind, durch Jesus mit ihm einherführen.« *(1. Thessalonicher 4,13-14)*

Das ist unser Ziel! Mit Jesus zusammen wollen wir hinübergehen. Dieses Ziel ist uns ins Herz gelegt, und das erklärt, warum wir kämpfen, warum wir in diesem Leben unserem Herrn folgen und warum wir schon jetzt den Himmel erobern wollen.

Warum reden wir so selten darüber? Was ist passiert, dass uns der Himmel nicht wirklich zu interessieren scheint? Fast scheint es mir, dass junge Leute darüber noch unbefangener reden als alte. Vielleicht liegt es daran, dass er für sie noch in weiter Ferne liegt. Der Umgang mit dem Himmel ist nicht einfach: Wie soll ich mir Ewigkeit vorstellen? Welches Leben kann schöner sein als das mir vertraute? Selbst Leid und Schmerz sind realer als eine Vorstellung, ein frommer Wunsch, der irgendwie durch meine Seele spukt.

Ich kann Sie beruhigen und trösten: Auch Elia fiel der Abschied nicht leicht. Lassen Sie uns nachlesen, wie das Ende seiner Geschichte auf Erden aussah. Und lassen Sie uns dann die Frage beantworten, was Elias Ende darüber aussagt, was wir am Ende erwarten dürfen:

»Der Tag kam, an dem der Herr den Propheten Elia in einem Wirbelsturm zu sich in den Himmel holen wollte. An diesem Tag verließen Elia und Elisa die Stadt Gilgal. Unterwegs sagte Elia zu Elisa: ›Willst du nicht hier bleiben? Ich muss nach Bethel, denn der Herr hat mich dorthin geschickt.‹ Doch Elisa wehrte ab: ›So gewiss der Herr lebt, und so gewiss du lebst – ich verlasse dich nicht!‹ So wanderten sie zusammen hinunter nach Bethel. Dort kamen ihnen einige Prophetenjünger entgegen, die in Bethel zusammen lebten. Sie nahmen Elisa beiseite und fragten ihn: ›Weißt du es schon? Der Herr wird heute deinen Lehrer zu sich holen!‹ ›Ja, ich weiß es‹, antwortete Elisa, ›redet bitte nicht darüber!‹ Wieder sagte Elia zu seinem Begleiter: ›Elisa, willst du nicht hier bleiben? Ich muss weiter nach Jericho, denn der Herr hat mich dorthin geschickt.‹ Elisa antwortete: ›So gewiss der Herr lebt, und so gewiss du lebst – ich verlasse dich nicht!‹ Sie wanderten gemeinsam weiter und kamen nach Jericho. Auch hier sprachen einige Prophetenjünger, die in der Stadt wohnten, Elisa an und fragten ihn: ›Weißt du, dass der Herr deinen Lehrer heute zu sich holen wird?‹ Und wieder antwortete Elisa: ›Ja, ich weiß es. Sprecht bitte nicht darüber!‹ Elia fragte Elisa zum dritten Mal: ›Willst du nicht hier bleiben? Ich muss weiter an den Jordan, denn der Herr hat mich dorthin geschickt.‹ Doch auch jetzt antwortete Elisa: ›So gewiss der Herr lebt, und so gewiss du lebst – ich verlasse dich nicht!‹ Dann gingen sie gemeinsam weiter. (...) Während die beiden so in ihr Gespräch vertieft weitergingen, erschien plötzlich ein Wagen aus Feuer, gezogen von Pferden aus Feuer, und trennte die Männer voneinander. Und dann wurde Elia in einem Wirbelsturm zum Himmel hinaufgetragen.« *(2. Könige 2,1-6.11)*

Die Zeit ging für Elia zu Ende. Gott wollte ihn zu sich holen, auf einzigartige Weise. Elisa, sein Freund und Nachfolger, war bei ihm geblieben und erlebte mit ihm etwas ganz Besonderes. Nur zwei Menschen in der Bibel ist so etwas passiert: Dem Urvater Henoch und eben Elia, dem größten der alttestamentlichen Propheten.

Charles Swindoll berichtet in einem seiner Bücher, dass er als kleiner Junge immer wieder gerne seinen Großvater besuchte. Die beiden unternahmen viel miteinander, redeten viel, und der Opa erzählte seinem Enkel viele biblische Geschichten. Sein Lieblingsthema war die Wiederkunft Jesu. Einmal sagte er zu seinem kleinen Enkel, dass er keine Angst vor dem Tod hätte und sich auf das Sterben freute. Darüber erschrak der kleine Charles sehr und fragte entsetzt: »Opa, wie meinst du das?« Sein Großvater antwortete: »Nun, meine Junge, ich meine, dass ich gerne die ganze Fülle erleben möchte.« Sein Enkel verstand das nicht, fragte natürlich weiter, und der Großvater sagte: »Fülle heißt, dass ich mich auf das große Erlebnis der Auferstehung freue, wenn Jesus zurückkommt. Alles, ich will alles, die ganze Fülle.«[22]

Das ist unsere Zukunft, das ist unsere Hoffnung: »Alles, ich will alles, die ganze Fülle.« Wenn ich die Sehnsucht ernstnehme, wenn ich dem Wort Gottes vertraue, wenn ich Jesus glaube, dann ist diese Welt nicht alles. Und darüber sollten wir sprechen. Einzigartig hat das der Apostel Paulus auf den Punkt gebracht, klar und kompromisslos: »Hoffen wir allein in diesem Leben auf Christus, so sind wir die elendsten unter allen Menschen.« *(1. Korinther 15,19)* Wenn Sie mich fragen, ich denke, wir befassen uns zu wenig mit der Ewigkeit. Wir sind so beschäftigt, so fixiert auf diese Welt, dass wir so leicht vergessen, wo unsere Heimat ist:

»Unser Bürgerrecht aber haben wir im Himmel. Von dort erwarten wir auch Jesus Christus, unseren Retter!« *(Philipper 3,20)*

Wir haben eine ewige Hoffnung und ein Ziel. Wir werden Gott in seiner Herrlichkeit sehen, und wir werden all die Menschen wiedersehen, die im Glauben an Jesus vor uns heimgegangen sind. Ich werde meinen Großvater Fritz Pache wiedersehen, der als Einziger von acht Kindern als Jugendlicher Christ wurde und später eine Gemeinde leitete. Im Dritten Reich ließen die Nazis ihn verhaften, weil er in seiner Bibel keinen Grund dafür finden konnte, in den Juden weniger wertvolle Menschen zu sehen als in seinen Landsleuten. Ich werde die alte Dame wiedersehen, die mir bei

---

[22] Charles Swindoll: Elia. Hänssler Verlag, Holzgerlingen 2003

meinem letzten Besuch im Krankenhaus zugewinkt und »Auf Wiedersehen« gesagt hat. Beide wussten wir, dass es nicht in dieser Welt sein würde. Den Liedermacher Johannes Nitsch werde ich wiedersehen, der so früh gehen durfte und jetzt im Himmel seine Musik spielt.

Vor einiger Zeit bekam ich einen Brief von einer Frau, die ich gar nicht kenne. Verwandte von mir hatten ihr Audioaufnahmen von meinen Predigten geschenkt. Sie hatte gerade ihren Mann verloren, der an einer schweren Krankheit gestorben war. Über den Tod ihres Mannes schrieb sie mir: »In den achtundvierzig Stunden auf der Intensivstation, wo wir den letzten Weg meines Mannes begleitet haben, da hat Gott zu uns geschrien. Das hat jeder gespürt, der dort war. Der Himmel stand offen, und Gott war uns noch nie so nah.« Der Himmel stand offen! Das ist die Hoffnung, von der ich spreche. Der Himmel ruft uns.

An dieser Stelle haben wir es schwerer als Elia. Um in den Himmel zu gelangen, müssen wir den irdischen Tod erleiden. Hier hört alles Vergleichen auf, denn Elia verließ diese Erde, ohne dass er den Tod durchschreiten musste. Gott holte ihn einfach zu sich. Die Menschen, die auf dieser Erde leben werden, wenn Jesus wiederkommt, werden dies auch erleben:

»Siehe, ich sage euch ein Geheimnis: Wir werden nicht alle entschlafen, wir werden aber alle verwandelt werden; und das plötzlich, in einem Augenblick, zur Zeit der letzten Posaune. Denn es wird die Posaune erschallen, und die Toten werden auferstehen unverweslich, und wir werden verwandelt werden.« *(1. Korinther 15,51-52)*

Die Generation, die das erleben wird, wird in die Ewigkeit hinübergehen, ohne den Tod kennen zu lernen.

Anders als die Menschen wusste Elia jedoch schon vorher, dass es so kommen würde. Bevor er ging, nahm er Abschied von Elisa, seinem treuen Freund und Nachfolger. Und er nahm Abschied von einer Reihe von »Prophetenschülern«. Heute würde man sagen: von den Bibelschülern und Theologiestudenten. Die damaligen Ausbildungsstätten waren in Gilgal, Bethel und Jericho, und genau dorthin ging Elia. In jeder dieser Städte warnten die Prophetenschüler Elisa, dass Gott seinen Meister Elia an diesem Tag noch zu sich holen würde. Die letzte Station ihrer Reise war schließlich der Jordan. Dort geschah es. Elia verließ diese Erde und wechselte in die Ewigkeit Gottes.

Charles Swindoll, dessen Bücher mich seit Jahren in meinem Dienst begleiten, hat mir sehr geholfen, den tieferen Sinn der letzten Stunden im Leben des Elia zu verstehen: Gilgal, Bethel, Jericho und der Jordan – die vier letzten Aufenthaltsorte des Propheten Elia erinnern an sein Leben. Zuerst kommt der Ort, an dem alles begann: Gilgal. Die Bibelkundigen unter Ihnen wissen: Gilgal war der erste Ort, an dem die Israeliten bei ihrer Flucht aus Ägypten eine Pause machten, nachdem sie den Jordan durchquert hatten. Es ist der erste Ort im Gelobten Land. Dem Volk Gottes stand zu diesem Zeitpunkt ein entscheidender Kampf kurz bevor. Gilgal war der Ort der Vorbereitung. Und auch Elia wurde schließlich hier vorbereitet: Von hier aus trat er seine letzte Reise an.

Erinnern Sie sich an den Ort, an dem alles anfing? Erinnern Sie sich an den Tag, an dem Sie Jesus Ihr Leben übergeben haben und erste wackelige Schritte im Glauben gemacht haben? Erinnern Sie sich an Ihre Begeisterung und Liebe zu Jesus? Sehnen Sie sich danach, das wieder zu erleben?

Von Gilgal aus ging Elia weiter nach Bethel. Der Name heißt übersetzt: Haus des Herrn. Hier baute Abraham, als er in das Land kam, Gott einen Altar und betete ihn an. Immer wieder begegnete ihm an diesem Ort der Allmächtige. Als Elia an diesen Ort kam, wurde er an die Geschichte Gottes mit seinem Volk erinnert. Mit Sicherheit erinnerte er sich auch an die besonderen Stunden mit Gott in seinem Leben. Sein erster Altar stand am Bach Krit. Von dort aus musste er weiterwandern zu dem kleinen Ort Zarpat. Bei einer Witwe kam er dort unter. Nach einiger Zeit starb der Sohn seiner Gastgeberin, und Elia suchte den Herrn so verzweifelt wie nie zuvor in seinem Leben. Im Gebet wurde Elia vorbereitet auf den Kampf, der noch auf ihn wartete. Bethel – Haus des Herrn.

Nach unserer Bekehrung hat Gott uns so manches zugemutet.

Wir haben lernen müssen, loszulassen und zu opfern. Wir haben gekämpft. Wir haben längst nicht jeden seiner Wege verstanden. Wir haben liebe Menschen verloren.

Wir haben viel durchgemacht: den Verlust des Arbeitsplatzes, vielleicht der eigenen Firma; die Not mit den heranwachsenden Kindern; das Scheitern der eigenen Ehe; den Tod lieber Menschen. In all den Jahren haben Sie gelernt zu beten, und Gott hat Sie durch die schweren Zeiten getragen. Bis auf diesen Tag, immer wieder.

Auch mich hat er hindurchgetragen. In den sechs Monaten meiner Auszeit trug dieser gute Gott mich, auch wenn mir das nicht immer bewusst war. Wenn es nach mir gegangen wäre, hätte diese Zeit keine zwei Wochen gedauert. Ein paar Tage ausspannen, dann wieder mit neuer Kraft an die Arbeit, so hätte mein Plan ausgesehen. Doch Gott weiß besser, was für mich gut und richtig ist. Ich habe vor allem lernen müssen, ihm zu vertrauen, auch wenn ich ganz und gar nicht einverstanden war mit dem Weg, den er mir zumutete. Verse, die ich gerne anderen vorgelesen habe, waren nun an mich gerichtet:

»Denn meine Gedanken sind nicht eure Gedanken, und eure Wege sind nicht meine Wege, spricht der Herr. Sondern so viel der Himmel höher ist als die Erde, so sind auch meine Wege höher als eure Wege und meine Gedanken als eure Gedanken.« *(Jesaja 55,8-9)*

Für Elia ging es von Bethel aus weiter nach Jericho, der dritten Station seiner letzten Reise. Auch hier traf er erneut auf einige Prophetenschüler. Erinnern wir uns: In Jericho fand die erste große und äußerst wichtige Schlacht im Rahmen der Eroberung des gelobten Landes statt. Hier wurden die Weichen für die Zukunft Israels gestellt. Der Tag der Entscheidung fand für Elia auf dem Berg Karmel statt. Achthundertfünfzig heidnische Propheten forderten ihn heraus. Ein abgefallener König und eine tyrannische Königin trachteten ihm nach dem Leben. Darauf folgten die Flucht und der ganz persönliche Kampf unter dem Wacholderstrauch und in der Höhle. Jericho – der Name steht für Kampf.

Ein Leben lang müssen auch wir kämpfen. Das hört erst auf,

wenn wir im Himmel sind. Ja, es stimmt: Den Himmel bekommen wir geschenkt, allein aus Gnade und niemals aufgrund eigener Werke. Und trotzdem gilt es, den Himmel zu erobern. Auch wenn wir das manchmal vergessen und es uns hier so recht gemütlich einrichten wollen: Diese Welt ist nicht der Himmel, im Gegenteil! Hier gibt es sehr viel, das uns vom Himmel ablenken und uns die Ewigkeit madig machen will. Diese Welt will uns vom Himmel fortziehen.

Ein Leben lang kämpfen Sie um die Reinheit Ihrer Gedanken, die Treue zu Ihrer Frau, Ihrem Mann. Sie wollen ehrlich sein, aber diese Welt belohnt den Betrüger und will oftmals selbst betrogen sein. Sie wollen zu Ihren Versprechen stehen, aber dann nutzen andere sie schamlos aus. Wie oft geben wir klein bei, leben in Kompromissen und mühen uns ab. Wir kämpfen nicht immer siegreich. Oftmals kann von strahlender Nachfolge wirklich nicht die Rede sein. Häufig gehen wir nicht als stolze Sieger dem Himmel entgegen, sondern humpeln angeschlagen, verwundet, aber immer getragen durch die unbeschreibliche Gnade Gottes. Und wir können trotz aller Niederlagen und Rückschläge doch gewiss sein: Am Ende werden wir mit unserem Herrn siegen!

Schließlich gibt es noch einen Ort, den wir nur mit einigem Unbehagen nennen: der Jordan – Ort des Todes. Für Elia kam hier der Moment, um Abschied zu nehmen. Schon zuvor, auf dem Weg dorthin, hatte Elia immer wieder versucht, von seinem Schüler und Nachfolger Elisa Abschied zu nehmen. Aber der hatte davon nichts hören wollen. Elisa hatte auf die Ankündigung des Elia immer wieder die gleiche Antwort gehabt: »So wahr der HERR lebt und du lebst: Ich verlasse dich nicht.«

Elisa war ein beeindruckender junger Mann. Als Elia ihn bei seinem Abschied fragte: »Was kann ich noch für dich tun?«, da antwortete Elisa: »Ich möchte als dein Schüler und Nachfolger doppelt so viel von deinem Geist bekommen wie die anderen Propheten!« *(2. Könige 2,9)*

Übermäßig bescheiden war er nicht, das steht schon mal fest. Luther übersetzt:

»Ich will zwei Anteile deines Geistes haben.« Das klingt noch stärker, und ebenfalls nicht sehr bescheiden. Dennoch bin ich davon überzeugt, dass Elisa das Richtige tat. »Herr, ich will die Fülle!« So wie Charles Swindolls Großvater das zu seinem Enkel gesagt hatte: »Ich will die ganze Fülle!« Daraus sollten wir etwas lernen! Zögern Sie nicht, Gott auch große Bitten vorzutragen, auch solche, die für den Betrachter unverschämt wirken. Gott fordert uns in seinem Wort immer wieder auf zu bitten, und er will gerne geben, über unser Bitten und Verstehen hinaus.

Ich bekam einen Brief von einer jungen Frau, die es einfach mal gewagt hatte zu bitten. Seit eineinhalb Jahren brauchte sie dringend ein eigenes Auto, aber bisher hatte es nicht geklappt. Dann sah sie im Vorübergehen den idealen Wagen mit einem Zettel: zu verkaufen. Ein gutes Auto zu einem traumhaften Preis. Mit ihrer Freundin betete sie für dieses Auto, rief anschließend beim Verkäufer an. Aber es hatten sich noch andere Interessenten gemeldet. Trotzdem gehörte das Auto zwei Stunden später ihr, und sie schrieb mir: »Fazit: Konkreter Wunsch, konkret gebetet, konkrete Antwort bekommen – Wow! Das hilft, in großen Dingen auch zu vertrauen. Gott hat mich ganz schön nach vorne geschubst und wachgerüttelt.«

So schnell und so nach Wunsch geht es nicht immer, aber sollten wir es nicht trotzdem wagen? Was können wir verlieren? Ehren wir Gott doch durch unser Vertrauen und bitten ihn, immer wieder, konkret und manchmal ruhig ein wenig unverschämt! Sein Wille soll geschehen!

Beschäftigen wir uns doch noch einmal mit Elia: Mit seinem Freund Elisa erreichte er den Jordan. Hier demonstrierte er noch einmal eindrucksvoll seine geistliche Autorität, indem er das Wasser des Flusses teilte, sodass er und Elisa trockenen Fußes auf die andere Seite gelangen konnten. Und dann geschah es:

»Während die beiden so in ihr Gespräch vertieft weitergingen, erschien plötzlich ein Wagen aus Feuer, gezogen von Pferden aus Feuer, und trennte die Männer voneinander. Und dann wurde Elia in einem Wirbelsturm zum Himmel hinaufgetragen.« *(2. Könige 2,11)*

Das ist wieder die typische Art der biblischen Berichterstattung: Ein einzelner Vers muss ausreichen, um eines der außergewöhnlichsten Ereignisse in der Geschichte zu beschreiben. Elia musste nicht sterben, er wurde direkt in den Himmel abberufen. Nur zwei Menschen war das bis auf den heutigen Tag vergönnt: dem Urvater Henoch und Elia. Wissen Sie, ich wäre gerne der Dritte, dem das passiert. Henoch, Elia, Klaus – das hat doch was. Dieses großartige Ereignis muss man sich einmal bildlich vorstellen: Zwei enge Freunde gehen am Ufer des Jordans spazieren und unterhalten sich. Plötzlich steht »ein Streitwagen aus Feuer mit Pferden aus Feuer« zwischen ihnen. Und dann wird Elia einfach durch einen Wirbelsturm in den Himmel aufgenommen. Da kommen nicht einmal George Lukas oder Steven Spielberg drauf. Und außerdem: Das ist keine Fiktion, kein Film, das ist Realität! Es ist wirklich passiert!

Auch wir werden es erleben. Wohl nicht in der Art, wie Elia es erlebt hat. Eher ein wenig unspektakulärer, aber es wird passieren: Wir werden diese Welt verlassen und den Himmel betreten. Wir werden Gott sehen und ihn anbeten. Wir werden unser Glück nicht fassen können. Jesus wird da sein, das Lamm Gottes, der Löwe aus Juda, der helle Morgenstern. Wir werden ihm für unser persönliches »Gilgal« danken, für den Tag, an dem wir uns entschieden haben, unser Leben Gott anzuvertrauen. Wir werden ihm für unser »Bethel« danken, für alle Gebetserhörungen und für die Tatsache, dass wir nie alleine waren. Wir werden ihm für Jericho danken, für jeden Kampf, für schwere Tage und für die Zusage, deren ganze Wahrheit wir dann begreifen werden: »Denen, die Gott lieben, dienen alle Dinge zum Besten.« Und wir werden ihm für den Jordan danken. Denn nun sind wir endlich daheim in der Ewigkeit, für immer.

Aber so weit sind wir noch nicht. Es gilt einen Kampf durchzustehen, es gilt den Himmel zu erobern. Am Ende seines Lebens schreibt der alte Paulus einen Brief an die Gemeinde in Philippi, die er besonders mochte. Er spricht darin viel von Freude. Aber immer wieder weist er auf das eigentliche Ziel hin, auf das, was vor uns liegt und was wir um alles in der Welt nicht verpassen dürfen.

»Meine Brüder, ich schätze mich selbst noch nicht so ein, dass ich's ergriffen habe. Eins aber sage ich: Ich vergesse, was dahinten ist, und strecke mich aus nach dem, was da vorne ist, und jage nach dem vorgesteckten Ziel, dem Siegespreis der himmlischen Berufung Gottes in Christus Jesus.« *(Philipper 3,13-14)*

Hier spricht Paulus von dem Abenteuer und dem Kampf, den Himmel zu erobern. Paulus hatte diesen Kampf gewagt. Dabei trieb ihn eine tiefe Sehnsucht. Doch der Apostel ist nicht allein. Viele Menschen haben das Abenteuer gewagt und ihre Entscheidung trotz größter Widerstände nicht bereut. In der »Pilgerreise« von John Bunyan ist es ein junger Mann, der es zu Hause nicht mehr aushält und nur noch ein Ziel kennt: Er will den Weg zur himmlischen Stadt finden, zu der wahren Heimat seines Herzens. Als er sich auf die Suche begeben will, versucht auf einmal alles, ihn daran zu hindern und festzuhalten. Unzählige Argumente stürzen auf ihn ein, die ihn zum Bleiben »überreden wollen«. Aber der Pilger hält sich die Ohren zu, stürmt los und ruft immer wieder: »Leben! Leben! Ewiges Leben!«[23]

Nach allem, was ich in meiner Krisenzeit erlebt habe, musste ich mir schließlich in einer ganz neuen Art und Weise die Frage stellen: Welches Ziel treibt mich? Wie sieht wirkliches Leben aus? Wem will ich gefallen? Wie halte ich mich zu Jesus, wenn tausend andere alltägliche Dinge meine Aufmerksamkeit beanspruchen? Wie halten Sie sich zu Jesus in Ihrer komplexen Welt mit ihrem völligen Anspruch auf jede Faser Ihres Seins?

Unsere Sehnsucht wird ständig unterdrückt, in eine Nische unseres Lebens verdrängt, weil andere Dinge uns fordern. Da sind die Suche nach einem Ausbildungsplatz, die Vorbereitungen für die Hochzeit, die Beule im neuen Auto, der geplatzte Scheck, der verregnete Ausflug. Was rede ich hier von ewigen Zielen, wenn wir mit Bandscheibenvorfällen, Krebs, Ehescheidungen und Einsamkeit klarkommen müssen? Warum über den Himmel predigen, wenn Ihre Gemeinde nicht weiß, wie sie den Neubau finanzieren soll oder wenn sich die Gemeindeleitung hoffnungslos mit dem Pastor überworfen hat?

---

[23] John Bunyan: Pilgerreise. Verlag Johannis, Lahr 1998

Ich will Sie am Ende dieses Buches auf ein Ziel einstimmen, das all diese alltäglichen Dinge würdigt, uns aber zugleich auch den Blick weitet für eine Geschichte, die viel größer ist als der Alltag und die auch unsere Geschichte sein kann. John Eldredge spricht in seinem Buch »Ganz leise wirbst du um mein Herz«[24] von einer göttlichen Romanze. Er erklärt, dass unser Leben in Wirklichkeit eine romantische Reise ist. Ich denke, dass viele von uns nicht hartnäckig genug fragen und nicht tief genug blicken und so nichts begreifen von der Wirklichkeit Gottes, die uns umgibt. Auch wenn wir die Geschichten von Elia lesen, schleichen sich vielleicht Zweifel ein: Ist das wirklich so passiert? Es ist doch so, dass wir oft eine ganze Menge Vorbehalte gegenüber einer Welt haben, die wir nicht sehen und nur selten wahrnehmen oder nur erahnen.

Neben den Geschichten von Elia sind auch die von seinem Nachfolger Elisa sehr beeindruckend. Elisa wurde von Gott erwählt. Sein Vorgänger Elia reichte seinen Prophetenmantel an diesen jungen, aufrechten Mann weiter. Erinnern Sie sich? Elisa zeigte sich im Gespräch mit Elia erfrischend unbescheiden und bat ihn: »Ich will zwei Anteile deines Geistes haben.« *(2. Könige 2,9)*

Studieren wir die Berichte über sein Leben, so scheint das mit dem zweifachen Teil des Geistes Gottes in seinem Leben auch geklappt zu haben. Er erlebte deutlich mehr Wunder Gottes als sein Vorgänger, und er musste sich in ähnlich schwierigen Situationen behaupten.

Elisa stand auf der Todesliste der Aramäer. Weil er immer wieder durch göttliche Offenbarung deren Kriegslisten aufdeckte, wollten die Feinde Israels ihn umbringen. Eines Tages wurde sein Haus von einer ganzen Division des aramäischen Heeres eingeschlossen. Elisas Diener geriet darüber in Panik und rannte angsterfüllt zu seinem Herrn. Doch der blieb völlig gelassen und sagte:

»›Fürchte dich nicht, denn derer sind mehr, die bei uns sind, als derer, die bei ihnen sind.‹ Und Elisa betete und sprach: ›Herr, öffne ihm die Augen, dass er sehe!‹ Da öffnete der Herr dem Die-

---

[24] John Eldredge: Ganz leise wirbst du um mein Herz. Brunnen Verlag, Gießen 2002

ner die Augen, und er sah, und siehe, da war der Berg voll feuriger Rosse und Wagen um Elisa her.« *(2. Könige 6,16-17)*

Gott öffnete dem Diener des Elisa die Augen, und plötzlich bekam dieser einen Blick für die Wirklichkeit Gottes.

Diesen Blick brauchen wir: das Verständnis dafür, dass es mehr gibt als die unmittelbare Welt um uns herum, dass wir zu mehr geschaffen und berufen sind als nur zu all den kleinen Geschichten in unserem Alltag. Wir brauchen den Blick für Gottes verborgene, ewige Welt und die damit verbundene Hoffnung. Um es ganz deutlich zu sagen: Glauben wir wirklich, wir seien nur auf dieser Welt, um in den wenigen Jahren, die wir haben, so gut wie möglich über die Runden zu kommen? Hängt eine ganze Nation grundlos vor dem Fernseher, oder steckt etwas dahinter, dass Millionen die Wahl zum Superstar verfolgen? Wie viele träumen und denken: »Ach, wäre das doch meine Geschichte!« Aber ist die Wahl zu Deutschlands Superstar wirklich das höchste Ziel im Leben? Ist das Beste, was uns passieren kann, wirklich, einmal im Lotto sechs Richtige zu haben? Besteht unsere Geschichte tatsächlich ausschließlich darin, so viel Geld wie möglich zu verdienen oder als Rentner möglichst oft in Urlaub zu fahren? Ist ein durchgestylter Körper, eine gute Figur, ein schnelles Auto, ein schönes Haus die Geschichte, für die wir auf dieser Welt sind? Und ist es wirklich das, wonach wir uns sehnen?

Hat vielleicht die Geschichte unseres Lebens wirklich nur die Überschrift: »Arbeit war sein/ihr Leben«? Sie kennen doch diesen Spruch, den man immer wieder in Todesanzeigen lesen kann: »Nur Arbeit war sein Leben, nie dachte er an sich, nur für die Seinen streben, war seine höchste Pflicht.« Wilhelm Busch, ein leidenschaftlicher Prediger der guten Nachricht im letzten Jahrhundert, sagte einmal dazu in einer Predigt: »Bei allem Respekt – das ist der Nachruf für ein Pferd, aber nicht für einen Menschen!«

Häufig ist es aber auch genau umgekehrt: Viele Zeitgenossen, leider auch manche fromme, scheinen es sich in ihrem Leben zum Ziel gesetzt zu haben, sich möglichst umfassend vor jeglicher Verantwortung zu drücken. In der Bibel steht nun mal, auch wenn das nicht jeder gerne hören will: »Wer nicht arbeitet, der soll auch nicht essen.«

Wenn Sie Ihre bisherige Lebensgeschichte aufschreiben sollten, worin bestünde sie? Gott sieht Ihr Leben in einem viel größeren Zusammenhang. Die Geschichte, die Gott für Sie vorgesehen hat, reicht zurück in die Ewigkeit. Die Bibel sagt uns, dass Gott Sie vor Grundlegung der Welt gesehen und gewollt, Sie je und je geliebt hat. Er hat Sie erwählt und als Kind angenommen, als Erben des Himmels eingesetzt und Ihnen alle Schuld vergeben. Auf Sie wartet die Ewigkeit mit unvorstellbaren Aufgaben. Gottes Welt, die Welt unzähliger Engel und unzähliger himmlischer Wesen, wird Ihr neues Zuhause sein. Wir sind dazu bestimmt, in dieser neuen Welt Aufgaben zu übernehmen, die unsere Vorstellungskraft übersteigen. Zu Königen und Priestern in Gottes ewiger Welt sind wir berufen. Mit Christus werden wir in Ewigkeit regieren.

Wissen wir um diese Geschichte? Dämmert uns, dass wir vielleicht schon viele Jahre unter Niveau gelebt und uns mit viel zu kleinen, vergänglichen Werten beschäftigt haben? Im gleichnamigen Stück von Shakespeare verkauft Macbeth seine Seele, um dafür im Tausch den schottischen Königsthron zu besteigen. Am Ende seines Lebens klagt er: »Mir wird ganz übel ... Morgen und Morgen und dann wieder Morgen, kriecht so mit kleinen Schritten von Tag zu Tag, zur letzten Silb' auf unserem Lebensblatt ... Leben ist nur ein wandelnd Schattenbild; ein armer Komödiant, der spreizt und knirscht sein Stündchen auf der Bühn' und dann nicht mehr vernommen wird; ein Märchen ist's, erzählt von einem Dummkopf, voller Klang und Wut, das nichts bedeutet.«[25]

Christen leben von der Hoffnung, dass es eine Geschichte gibt, die viel größer ist als unsere kleine Welt, größer als die vielen kleinen und vergänglichen Geschichten unseres irdischen Lebens.

Fragen wir uns doch noch einmal ganz persönlich: Was ist denn das Ziel meines Lebens? Worin besteht für mich dieses versprochene Abenteuer, diese unglaubliche Reise? Lohnt es sich überhaupt, Gott mein Leben auf diese Weise anzuvertrauen? Und viel-

---

[25] William Shakespeare: Macbeth. Reclam, Ditzingen 1977

leicht die wichtigste Frage von allen: Woher weiß ich, ob es überhaupt gut endet?

Wie Sie bereits wissen, lese ich sehr gerne und nicht nur fromme Literatur. Ich liebe spannende Bücher, zum Beispiel die Krimis von David Baldacci, die Seeabenteuer von Forrester und Alexander Kent, die Niederrhein-Krimis vom Trio Criminale oder die Wälzer von John Grisham. Wenn ich mir so ein Buch kaufe oder ausleihe, mache ich zuerst immer Folgendes: Ich schlage die letzten Seiten des Buches auf und lese den Schluss. Ich muss wissen, ob das Buch gut ausgeht oder nicht. Habe ich den Eindruck, dass ein gutes Ende zu erwarten ist, lese ich das Buch. Ja, ich höre geradezu das ungläubige Stöhnen: »Aber dann ist doch alle Spannung weg!« Richtig, aber das stört mich überhaupt nicht. Im Gegenteil: Wenn ich weiß, das Buch endet gut, dann genieße ich es viel mehr. Für mich sind Bücher immer nur so gut wie ihr Ende. Ohne *Happy End* wird die Geschichte zu einem Alptraum voller endloser Kämpfe ohne Sinn. Genauso geht es mir mit Filmen. Sie sollten möglichst ein gutes Ende haben.

Vor einiger Zeit wurde im Fernsehen der Film »Message in a Bottle« mit Kevin Costner gezeigt. Darin geht es um einen Witwer, der nach langer Trauer endlich doch den Neuanfang wagt und sich auf eine neue Liebe einlässt. Damals im Kino hatte mich der Schluss maßlos enttäuscht. Nun sah ich mir den Film zum zweiten Mal an in der absurden Hoffnung, der Schluss habe sich vielleicht geändert. Natürlich war das Ende dasselbe: Der Held, der schon so viel mitgemacht hat, stirbt »wieder«. Wer denkt sich nur so was aus?!

Auch für unser Leben gilt: Unsere Geschichte ist immer nur so gut wie ihr Ende. Vor einiger Zeit kam ich zufällig mit einem Mann ins Gespräch. Wir redeten über das Leben und über das, was uns wichtig ist. Schließlich sprachen wir über den Glauben. Der Mann war überzeugt, dass es kein »Danach« gäbe. Mit dem Tod sei alles vorbei, man komme »in die Kiste«, Deckel zu und aus – das war's. »Was für ein Horror!«, dachte ich. Unsere Geschichte sollte doch anders verlaufen!

Der Apostel Paulus empfand es genauso. Er war der Ansicht:

Wenn dieses kurze Leben alles ist, wenn es keine größere Geschichte gibt als die paar Jahre hier auf der Erde, und dann kommt der Tod, dann gibt es nur eins: Trink dich zu, überzieh dein Konto, hau dir den Bauch voll, genieße, solange du es kannst, denn morgen bist du tot. *(vgl. 1. Korinther 15,12 ff)*

Je länger ich darüber nachdenke, umso mehr bin ich davon überzeugt, dass wir so, wie Paulus es da beschreibt, nicht wirklich leben können. Wenn das Leben auf dieser Erde alles wäre, dann kämen wir ständig zu kurz. In dieser Welt verlieren die Ziele ihren Glanz, sobald wir sie erreichen. Nichts hat Bestand, alles geht zu Ende. Der Urlaub ist so schnell wieder vorbei, Freunde ziehen fort, unsere Karriere entwickelt sich nicht so, wie wir uns das erhofft haben, und irgendwie sind wir enttäuscht.

Es ist klar, warum wir auf dieser Welt nicht vollkommen zufrieden sein können: Wir sind einfach für mehr geschaffen! Augustinus, Kirchenvater im 4. Jahrhundert, schreibt: »Unruhig ist unser Herz in uns, bis es ruht, o Gott, in dir!« Und C. S. Lewis schreibt in seinem Buch »Pardon, ich bin Christ«: »Wenn wir in uns selbst ein Bedürfnis entdecken, das durch nichts in dieser Welt gestillt werden kann, dann können wir daraus schließen, dass wir für eine andere Welt erschaffen wurden.«[26]

Hat die Geschichte mit Gott für uns ein *Happy End*? Ja, wenn wir uns darauf einlassen. Schlagen wir das Buch doch einfach am Schluss auf und lesen aus den letzten Seiten dieser Geschichte – auch wenn darunter die Spannung leidet. Schlagen wir die Bibel hinten auf und lesen wir einige Verse aus der Offenbarung:

»Siehe da, die Hütte Gottes bei den Menschen! Und er wird bei ihnen wohnen, und sie werden sein Volk sein, und er selbst, Gott mit ihnen, wird ihr Gott sein; und Gott wird abwischen alle Tränen von ihren Augen, und der Tod wird nicht mehr sein, noch Leid noch Geschrei noch Schmerz wird mehr sein; (...) Und es wird keine Nacht mehr sein, und sie bedürfen keiner Leuchte und nicht des Lichts der Sonne; denn Gott, der Herr, wird sie erleuchten,

---

[26] C. S. Lewis: Pardon, ich bin Christ. Brunnen Verlag, Gießen 2004

und sie werden regieren von Ewigkeit zu Ewigkeit. *(Offenbarung 21,3-4; 22,5)*

So wird es sein! Das ist die Wirklichkeit! Und es ist so ganz anders, als wir uns das manchmal vorstellen. Ich glaube, ein Grund, warum wir so selten vom Himmel sprechen, ist unsere mangelnde Vorstellungskraft. Wir haben unzulängliche Bilder im Kopf, krause Vorstellungen von dem, was uns dort erwartet: Wir denken an übergewichtige Babys, die mit winzigen Flügeln herumflattern, an gelangweilte Heilige, die auf herumfliegenden Wolken auf der Harfe klimpern und neidvoll auf die Erde hinunterschielen, weil da wenigstens was los ist. Wir denken an einen großväterlichen Gott, geschlechtslose Engel und goldene Gassen – einen Ort der ewigen Langeweile. Peter Kreeft schreibt: »Die Langeweile, nicht Zweifel, ist der stärkste Feind des Glaubens, genau wie Gleichgültigkeit, nicht Hass, der stärkste Feind der Liebe ist.«

Auch in Wim Wenders' Film »Der Himmel über Berlin« wird ein verzerrtes Bild von Himmel und Erde gezeigt: Der Engel Damiel streift in Begleitung seines himmlischen Kollegen Cassiel durch Berlin und erliegt der unendlichen Faszination menschlichen Daseins. Er träumt von einer wahrhaftigen irdischen Existenz, um all die Erfahrungen machen zu können, die den Menschen vorbehalten sind. Als er sich schließlich in die Trapezkünstlerin Marion verliebt, wagt er den Schritt, wird Mensch und lässt den Himmel hinter sich zurück. Bei allem Respekt vor einem großen Regisseur und einem anrührenden Film: Das ist purer Unsinn! Aber das entspricht so dem landläufigen Klischee. Der Himmel ist langweilig. Auf der Erde haben wir es zwar nicht leicht, aber hier ist wenigstens etwas los.

Der Himmel ist anders, ganz anders. Er ist das Ziel unserer Reise, die Erfüllung unseres Seins:

»Was kein Auge jemals sah, was kein Ohr jemals hörte und was sich kein Mensch vorstellen kann, das hält Gott für die bereit, die ihn lieben.« *(1. Korinther 2,9)*

Was ist uns versprochen, wenn wir uns auf den einen Herrn einlassen und ihm unser Leben anvertrauen? Das Erste ist wohl:

Wir werden dazugehören. Wir alle leiden unter Zurücksetzung, unter Missachtung. Wir wollen dazugehören und werden zurückgewiesen. Je länger ich darüber nachdenke, umso mehr bin ich davon überzeugt, dass viele Probleme zwischen uns Menschen ihre Ursache in unseren elenden Minderwertigkeitsgefühlen haben. Schon in der Kindheit werden die Grundlagen dafür gelegt. Zum Beispiel erinnere ich mich an ein prägendes, immer wiederkehrendes Erlebnis:

Schon als Kind habe ich für mein Leben gerne Fußball gespielt. Allerdings nicht besonders gut und so habe ich eine Prozedur gehasst: die Wahl der Mannschaften. Die Teams wurden zusammengestellt, indem zwei gute Spieler im Wechsel ihre Leute aus der Gruppe der übrigen Kinder wählten. Das Schlimmste war, wenn man dann zum Schluss noch dastand und einfach mit einer großzügigen Geste einer Mannschaft zugeteilt wurde: »Den Pache, den könnt ihr noch haben!« Ich habe mich mächtig angestrengt, um besser zu spielen. Nie werde ich den Morgen vergessen, an dem ich einmal als Erster gewählt wurde. Ich habe anschließend Fußball gespielt wie Michael Ballack.

Ein Leben lang leiden wir unter Zurücksetzung, immer wieder. Wir leiden, wenn man uns signalisiert: Du gehörst nicht dazu. Wissen Sie, wenn Sie am Ende der Tage in den Saal hineinplatzen, in dem das Hochzeitsfest des Lammes gefeiert wird und wo Jesus seine Leute begrüßt, dann wird er Sie persönlich empfangen, und alle werden begeistert »Willkommen« rufen! Sie werden ohne Einschränkungen dazugehören!

Und was wird uns noch erwarten? Ich komme noch einmal auf die Beerdigung von Mutter Ernestine zurück. Der Prediger sprach über Jesaja 33,17:

»Deine Augen werden den König sehen in seiner Schönheit; du wirst ein weites Land sehen.«

Wir werden dazugehören. Und wir werden unseren König sehen, in seiner ganzen Schönheit. Ein Leben lang treibt uns die Sehnsucht nach Schönheit. Aber alle Schönheit, die uns hier begegnet, kann unsere Sehnsucht nicht endgültig stillen. Dazu möchte ich noch eine weitere kleine Geschichte erzählen. Inzwischen wissen Sie bestimmt: Im Sommer fahre ich mit meiner Familie gerne nach Schweden in den Urlaub. Vor einigen Jahren kamen wir nach langer Fahrt im Regen in unserem Feriengebiet an. Es war gegen Abend, und ich ging noch zum Strand der kleinen Lagune, an der unser Haus lag. Als ich aus der Ferienhaussiedlung heraustrat und den Weg zum Wasser hinunterging, war es vollkommen still. Nur das leise Rauschen des Regens war zu hören. Am Wasser angekommen hat mir die Schönheit dieses Moments fast wehgetan. Ähnliches habe ich in meinem Leben oft erlebt. Die Schönheit bestimmter Orte und Situationen verschlägt mir immer wieder die Sprache, rührt mein Herz an und entfacht zugleich eine Sehnsucht in mir, die nichts und niemand auf dieser Welt stillen kann. Simone Weil, eine französische Dichterin und Philosophin, hat einmal so treffend gesagt, dass es zwei Dinge gäbe, die das menschliche Herz durchdringen könnten: Schönheit und Not.

Kennen Sie das alte Kirchenlied »Schönster Herr Jesus«? Der folgende Vers rührt mich besonders an: »Alle die Schönheit, Himmels und der Erde, ist verfasst in dir allein. Nichts soll mir werden lieber auf Erden als du, der schönste Jesus mein.«[27] Das Lied sollen die Menschen auf meiner Beerdigung singen!

Was wartet im Himmel auf uns? Wir werden dazugehören, unsere Sehnsucht nach Schönheit wird gestillt und auch: Wir werden Gemeinschaft haben mit vertrauten Menschen. Das bezweifeln viele von uns. Als unser ältester Sohn noch klein war, fing er einmal beim Zubettgehen an zu weinen und schluchzte: »Ich will nicht in den Himmel!« Daraufhin fragte ihn meine Frau, warum er das nicht wolle, und Stefan antwortete: »Weil ich da niemanden kenne!«

Das sollte nicht unsere Sorge sein. Wir werden einander erkennen und begeistert sein. Komischerweise begegnet mir unter Christen immer wieder die Vorstellung, wir würden im Himmel alles vergessen und uns an diese Erde nicht mehr erinnern kön-

---

[27] Gemeindelieder. Bundes-Verlag, Witten 1988

nen. Leute – das wäre ja furchtbar! Das klingt wie ein fernöstliches Nirwana des ewigen Vergessens. Gott sagt:

»Fürchte dich nicht, ich habe dich erlöst, ich habe dich bei deinem Namen gerufen, du bist mein!« *(Jesaja 43,1)*

Sicherlich, wir werden einen neuen Körper haben, der den Glanz der himmlischen Welt aushält. Aber das, was uns als Person ausmacht, werden wir erkennen. Das, was die Bibel Herz oder Seele nennt und was unser Denken, Fühlen und Wollen vereint, das bleibt bestehen. Ich werde die alte Diakonisse wiedererkennen, die ihr Leben so vorbehaltlos Christus zur Verfügung stellte. Sie wird in der himmlischen Welt eine Königin sein. Ich werde meinen Großvater wiedersehen. Wir werden Mose und Abraham treffen und erkennen! Ich freue mich auf Paulus und möchte ihm eine Menge Fragen stellen. Und – wir werden Jesus in seiner Schönheit sehen!

Im Himmel werden wir dazugehören, wir werden die Schönheit der Ewigkeit sehen, und wir werden einander erkennen und Gemeinschaft haben. Aber da ist noch was: Es gibt viel zu tun! Ja, Sie haben richtig gelesen: Es gibt viel zu tun! Ich habe das schon angedeutet und will es an dieser Stelle weiter ausführen: Im Himmel wird es nicht langweilig sein.

Viele Christen meinen, die Erde sei wesentlich aufregender als der Himmel. Was soll man auch anfangen mit der »ewigen Ruhe«? Das klingt mehr nach dem Werbeslogan eines Beerdigungsinstitutes als nach einer Werbung für die Ewigkeit in Gemeinschaft mit dem lebendigen Gott. Die Bibel sagt nichts von Langeweile. Stattdessen gibt es eine Reihe von Hinweisen in der Bibel, die den Schluss zulassen, dass wir im Himmel mit Aufgaben betraut werden. Das Gleichnis von den anvertrauten Pfunden beinhaltet zum Beispiel ein Versprechen Jesu:

»Da sprach sein Herr zu ihm: ›Recht so, du tüchtiger und treuer Knecht, du bist über wenigem treu gewesen, ich will dich über viel setzen; geh hinein zu deines Herrn Freude!‹« *(Matthäus 25,21)*

Wer hier in den kleinen Dingen treu ist, dem werden in der Ewigkeit größere Aufgaben anvertraut werden. Die Bibel sagt, wir werden mit Christus in Ewigkeit regieren. Paulus ermahnt die Christen in Korinth mit dem Hinweis auf die Verantwortung, die sie in der Ewigkeit tragen werden:

»Wisst ihr nicht, dass die Heiligen die Welt richten werden ... Wisst ihr nicht, dass wir über Engel richten werden?« *(1. Korinther 6,2-3)*

Aufgaben warten auf uns, die wir uns nicht vorstellen können. Denken Sie nur einmal an die Größe der Welt, die uns umgibt. Bisher ist es der Physik und der Astronomie nicht gelungen, die Endlichkeit des Alls festzustellen. Und all das ist nur ein Schatten der Wirklichkeit, die die Kinder Gottes in der Ewigkeit erwartet. Vielleicht regieren Sie später einmal über ein Planetensystem, über ein Land mit Wesen aus der himmlischen Welt. Vielleicht sind Sie eines Tages Königin einer ganzen Galaxie, König einer Milchstraße?

Ein Abenteuer erwartet uns. Es gilt, die neue Erde und den neuen Himmel zu erkunden. Wir werden einander in einer Weise kennen lernen, miteinander vertraut sein, wie es in dieser Welt nicht einmal zwischen Ehepartnern möglich ist. In diesem Leben trinken wir einen Schluck aus einer Quelle, die ein endloses Meer verheißt, das wir noch nicht kennen. Was die Gemeinschaft der Heiligen bedeutet, wird erst im Himmel zu begreifen sein. John Eldredge schreibt: »Alle Freude, die im Meer der Liebe Gottes auf uns wartet, wird noch vervielfacht werden, indem wir miteinander diese große Geschichte der göttlichen Liebe erleben.«[28] Ist jemand ernsthaft der Ansicht, im Himmel könnte es langweilig werden? Ich weiß um kein größeres Ziel, als dorthin zu gelangen.

Noch ein Letztes ist mir wichtig: Wir werden ankommen! Manchmal frage ich mich ängstlich: Werde ich es schaffen? Werde ich ankommen? Früher hätte ich meine Lage und meine eigene Leistung optimistischer eingeschätzt. Meine Grenzerfahrung hat mich vorsichtig werden lassen. Ich mag die lauten Töne nicht, diesen hemdsärmeligen Triumphalismus. Aber mehr als früher rechne ich mit der Gnade Gottes. Den Himmel erobern kann nur

---

[28] John Eldredge: Folge deinem Traum. Brunnen Verlag, Gießen ²2005

bedeuten, ihn geschenkt zu bekommen, mit einem demütigen und auch immer wieder verzagten Herzen.

Wird am Ende alles gut werden? Charles Swindoll berichtet von einem kleinen Jungen, der beide Eltern durch einen Verkehrsunfall verlor. Der Junge kam zu einer Tante in einer anderen Stadt. Er war ganz ängstlich und verunsichert, aber die Tante kümmerte sich rührend um ihn. Er wohnte bei ihr, bis er die Stadt verlassen musste, um zu studieren. Jahre später wurde die Tante sehr krank, und sie schrieb ihrem Neffen, dass sie Angst vor dem Tod hätte und vor dem, was dann kommt. Er schrieb ihr zurück: »Damals, als ich als Sechsjähriger zu dir kam, hatte ich große Angst. Ich habe den Mann, der mich vom Bahnhof abgeholt hat, gefragt, ob du ins Bett gehst, bevor ich eingeschlafen bin oder erst, wenn ich eingeschlafen bin. Und er hat zu mir gesagt: ›Deine Tante wird immer warten, bis du eingeschlafen bist. Und sie wird eine Kerze aufstellen, damit du keine Angst hast.‹ Und so war es auch. Als ich ankam, stand im Fenster eine Kerze. Du hast mit mir gebetet, an meinem Bett gesessen, und ich bin ruhig eingeschlafen. Und so wird es auch im Himmel sein. Gott wartet schon auf dich, und alles ist vorbereitet. Und er wird dich niemals verlassen.«[29]

Wir sind auf dem Weg, unterwegs auf einer langen Reise. Wenn wir Gott Vertrauen schenken und seinen Zusagen glauben, dann haben wir den Wendepunkt unserer Reise schon hinter uns: Es geht nach Hause, wir nähern uns der Heimat. Eines Tages, es dauert gar nicht mehr lange, werden wir das Haus unseres Vaters sehen und die Kerze im Fenster. Alles ist vorbereitet. Wir gehen in eine Zukunft ohne Leid und Geschrei, aber in der Gemeinschaft unseres Königs, unseres Vaters. Wir haben den Himmel erobert! Das wahre Leben beginnt!

---

[29] Charles Swindoll: Living on the ragged edge. Word Books 1986